AF527299

पायथन प्रोग्रामिंग

लेखक

डॉ. रूपेश नासरे

एसोसिएट प्रोफेसर,
भारतीय प्रौद्योगिकी संस्थान (आईआईटी) मद्रास,
अडयार, चेन्नई, तमिलनाडु

अनुवादक

डॉ. संदीप रघुवंशी

सह प्राचार्य,
सिंक्रोन प्रा. लिमिटेड, बैंगलोर

भाषा समीक्षक

डॉ. शिखा अग्रवाल

प्रोफेसर, सीएसई विभाग
आरजीपीवी, भोपाल

KHANNA BOOK PUBLISHING CO. (P) Ltd.
4C/4344, Ansari Road, Darya Ganj,
New Delhi, India

All India Council for Technical Education
Nelson Mandela Marg, Vasant Kunj,
New Delhi, India

Dear Readers,

To prevent the piracy, this book is secured with HIGH SECURITY HOLOGRAM on the front title cover. In case you don't find the hologram on the front cover title, please write us to at contact@khannabooks.com or whatsapp us at +91-99109 09320 and avail special gift voucher for yourself.

Specimen of Hologram on front Cover title:

Moreover, there is a SPECIAL DISCOUNT COUPON for you with EVERY HOLOGRAM.

How to avail this SPECIAL DISCOUNT:

Step 1: Scratch the hologram

Step 2: Under the scratch area, your "coupon code" is available

Step 3: Logon to www.khannabooks.com

Step 4: Use your "coupon code" in the shopping cart and get your copy at a special discount

Step 5: Enjoy your reading!

ISBN: 978-93-5538-929-9

Book Code: DIP713HI

पायथन प्रोग्रामिंग

डा. रूपेश नासरे

First Edition: 2026

Originally Published by:

All India Council for Technical Education, Ministry of Education, GOI

Exclusively Published & Distributed by:

Khanna Book Publishing Co. (P) Ltd.

4C/4344, Ansari Road, Daryaganj,
New Delhi (INDIA)

Visit us at: **www.khannabooks.com**

Write us at: **contact@khannabooks.com**

To view complete list of books,
Please scan the QR Code:

KPH

Printed in Bharat.

Copyright © Reserved

No part of this publication may be reproduced, stored in a retrieval system or transmitted, in any form or by any means, electronic, mechanical, photocopying, recording or otherwise without prior permission of the publisher.

This book is sold subject to the condition that it shall not, by way of trade, be lent, re-sold, hired out or otherwise disposed of without the publisher's consent, in any form of binding or cover other than that in which it is published.

Disclaimer: The website links provided by the author in this book are placed for informational, educational & reference purpose only. The Publisher do not endorse these website links or the views of the speaker/ content of the said weblinks. In case of any dispute, all legal matters to be settled under Delhi Jurisdiction only.

प्रो. टी. जी. सीताराम
अध्यक्ष
Prof. T. G. Sitharam
Chairman

सत्यमेव जयते

आज़ादी का अमृत महोत्सव

अखिल भारतीय तकनीकी शिक्षा परिषद्
(भारत सरकार का एक सांविधिक निकाय)
(शिक्षा मंत्रालय, भारत सरकार)
नेल्सन मंडेला मार्ग, वसंत कुंज, नई दिल्ली–110070
दूरभाष : 011–26131498
ई–मेल : chairman@aicte-india.org

ALL INDIA COUNCIL FOR TECHNICAL EDUCATION
(A STATUTORY BODY OF THE GOVT. OF INDIA)
(Ministry of Education, Govt. of India)
Nelson Mandela Marg, Vasant Kunj, New Delhi-110070
Phone : 011-26131498
E-mail : chairman@aicte-india.org

FOREWORD

Engineers are the backbone of any modern society. They are the ones responsible for the marvels as well as the improved quality of life across the world. Engineers have driven humanity towards greater heights in a more evolved and unprecedented manner.

The All India Council for Technical Education (AICTE), have spared no efforts towards the strengthening of the technical education in the country. AICTE is always committed towards promoting quality Technical Education to make India a modern developed nation emphasizing on the overall welfare of mankind.

An array of initiatives has been taken by AICTE in last decade which have been accelerated now by the National Education Policy (NEP) 2020. The implementation of NEP under the visionary leadership of Hon'ble Prime Minister of India envisages the provision for education in regional languages to all, thereby ensuring that every graduate becomes competent enough and is in a position to contribute towards the national growth and development through innovation & entrepreneurship.

One of the spheres where AICTE had been relentlessly working since past couple of years is providing high quality original technical contents at Under Graduate & Diploma level prepared and translated by eminent educators in various Indian languages to its aspirants. For students pursuing 2nd year of their Engineering education, AICTE has identified 87 books, which shall be translated into 12 Indian languages - Hindi, Tamil, Gujarati, Odia, Bengali, Kannada, Urdu, Punjabi, Telugu, Marathi, Assamese & Malayalam. In addition to the English medium, books in different Indian Languages are going to support the students to understand the concepts in their respective mother tongue.

On behalf of AICTE, I express sincere gratitude to all distinguished authors, reviewers and translators from the renowned institutions of high repute for their admirable contribution in a record span of time.

AICTE is confident that these outcomes based original contents shall help aspirants to master the subject with comprehension and greater ease.

(Prof. T. G. Sitharam)

पावती (Acknowledgement)

मैं एआईसीटीई के अधिकारियों, विशेष रूप से प्रो. टी. जी सीताराम, अध्यक्ष डॉ. अभय जेरे, उपाध्यक्ष प्रो. राजीव कुमार और प्रिशक्षण और शिक्षण ब्यूरो के निदेशक डॉ. सुनील लूथरा को पायथन प्रोग्रामिंग पर इस पुस्तक को प्रकाशित करने की योजना के लिए आभारी हूं। प्रो. महेंद्रन बोटलगुंटा ने इस पुस्तक की समीक्षा की ऐवम उनकी समीक्षा ने प्रस्तुति में काफी सुधार किया। यूनिट 4 के साथ-साथ विंडोज से संबंधित आदेशों में प्रकाशन अनुप्रयोग भी उनके सुझावों और मार्गदर्शन के कारण हैं। मैं इस कवर पेज को अच्छी तरह से डिजाइन करने के लिए चिन्मय नासरे और एआईसीटीई ग्राफिक्स टीम का आभारी हूं।

मैंने अपनी पत्नी और बेटे से दूर, अपने पिता के स्वास्थ्य का ध्यान रखते हुए यह किताब नागपुर से लिखी है। अस्पतालों के दौरों के बीच तंग कार्यक्रम के तहत समयसीमा को पूरा करना मुश्किल था। लेकिन मैं नतीजे से खुश हूं। यह पुस्तक तकनीकी और गैर-तकनीकी मामलों के बीच उन संदर्भ-स्विच को समर्पित है।

यह पुस्तक एआईसीटीई के सदस्यों, विशेषज्ञों और लेखकों के विभिन्न सुझावों का परिणाम है, जिन्होंने अपने विचार साझा किए और हमारे देश में इंजीनियरिंग शिक्षा को और विकसित करने के बारे में सोचा। इस क्षेत्र (field) के योगदानकर्ताओं और विभिन्न कामगारों की ओर से प्रशंसा की जाती है, जिनकी प्रकाशित पुस्तकों, समीक्षा लेखों, पत्रों, फोटोग्राफों, फुटनोट्स, संदर्भों और अन्य मूल्यवान सूचनाओं ने पुस्तक लिखते समय हमें समृद्ध किया।

रूपेश नासरे।

अनुवादक - अभिस्वीकृति

अखिल भारतीय तकनीकी शिक्षा परिषद् नई दिल्ली की इंजीनियरिग की द्वितीय वर्ष की पुस्तकों को अंग्रेजी भाषा से हिदी भाषा मे अनुवाद करने के लिए मुझे एआईसीटीई एवं राजीव गाँधी प्रौद्योगिकी विश्वविद्यालय भोपाल द्वारा अनुवादक के रूप मे यह अवसर प्रदान किया गया इसके लिए मैं एआईसीटीई की अनुवाद परियोजना के सभी अधिकारीगण, विश्वविद्यालय के कुलपति प्रो.सुनील कुमार एवं अनुवाद परियोजना के हिदी भाषा के समन्वयक डॉ.शशिरंजन अकेला (राजीव गाँधी प्रौद्योगिकी विश्वविद्यालय भोपाल) का ह्रदय से आभार व्यक्त करता हूँ/करती हूँ| समन्वयक एवं अनुवाद टीम के सतत संवाद एवं समन्वय के कारण यह कार्य समय पर पूर्ण हो पाया है

इस पुस्तक के अनुवाद की बहुत अच्छी प्रकार से और विचारपूर्वक समीक्षा करने के लिए मै राजीव गांधी प्रौद्योगिकी विश्वविद्यालय भोपाल म.प्र. की प्रोफेसर. डॉ. शिखा अग्रवाल, को धन्यवाद ज्ञापित करता हूँ | पुस्तक के सुधार के लिए उनका योगदान अत्यधिक उल्लेखनीय है |

मै उड़ान प्रोजेक्ट टीम (https://www.udaanproject.org/) की भी सराहना करता हूँ, जिसका नेतृत्व आई.आई.टी. बोम्बे के प्रो.गणेश रामकृष्णन कर रहे है, जिन्होंने पोस्ट एडिटिग प्लेटफोर्म सहित अपना इनोवेटिव एंड-टू-एंड मशीन ट्रांसलेशन फ्रेमवर्क प्रदान किया है | उड़ान प्रोजेक्ट टीम के सदस्यों सुश्री प्रणिता हरपाले एवं सुश्री अनुजा दुमाडा ने ऑनलाइन मीटिग के माध्यम से उड़ान टूल की सहायता से अनुवाद करने में बहुत मदद की है |

अनुवाद कार्य हेतु प्रत्यक्ष एवं अप्रत्यक्ष रूप से मार्गदर्शन एवं सहयोग करने वाले सभी सहयोगियों का भी ह्रदय से आभार व्यक्त करता हूँ/करती हूँ|

मुझे प्रदान की गई पुस्तक का अंग्रेजी भाषा से हिदी भाषा मे अनुवाद करते समय उसकी गुणवत्ता एवं पठनीय बनाने के लिए मेरी और से पूर्ण प्रयास किया गया है जिसमे मेरे साथ समीक्षक की भी महत्वपूर्ण भूमिका रही है| यदि अनुवाद कार्य मे त्रुटिवश कुछ अपूर्णता रह गई हो तो अनुवादक के रूप मे मेरा आग्रह रहेगा कि आप सभी पुस्तक के अगले संस्करण हेतु अपने सुझाव एआईसीटीई को अवश्य प्रेषित करें |

सादर

डॉ. संदीप रघुवंशी

भूमिका (Preface)

यह पुस्तक पायथन प्रोग्रामिग का परिचय है। पायथन आज एक लोकप्रिय प्रोग्रामिग भाषा है और इस पुस्तक में इसकी मूल बातें शामिल हैं। इसे पांच इकाइयों में विभाजित(divided) किया गया है, जिनमें से प्रत्येक का निर्माण पिछले इकाइयों पर आधारित है। इकाइयां वेब अनुप्रयोगों को विकसित करने के लिए सभी तरह के चर और असाइनमेंट की मूल बातें फैलाती हैं।

पहले तीन इकाइयों की आवश्यकता सभी पायथन उपयोगकर्ताओं को होती है। इकाइयों में बुनियादी निर्माण और प्रकार, नियंत्रण(control) निर्माण, और कार्यों और मॉड्यूल के साथ मॉड्यूलर प्रोग्रामिग शामिल हैं। एक साथ, तीन इकाइयां एक पाठक को सरल प्रोग्राम लिखने के लिए पायथन के बुनियादी ज्ञान से लैस करती हैं। चौथी यूनिट स्ट्रिग(string) फंक्शन, फाइल हैंडलिग और रेगुलर एक्सप्रेशन में गहराई से खोजती है। इसके Program अपेक्षाकृत जटिल हैं और अधिक अभ्यास की आवश्यकता है। मैं पाठकों को प्रोत्साहित करता हूँ समाधान देखने से पहले अपने तरीके से Program को आजमायें। पांचवीं यूनिट वेब अनुप्रयोगों के निर्माण के लिए जांगो (Django) फ्रेमवर्क की खोज करती है। इसकी संरचना भी जटिल है। लेकिन मुझे उम्मीद है कि जब आप अपना पहला वेब एप्लीकेशन देखते हैं तो आपको खुशी और संतुष्टि मिलती है।

इस पुस्तक में वर्णित प्रत्येक कार्यक्रम पुस्तक के वेबपेज पर ऑनलाइन उपलब्ध है। पाठकों को (i) स्वयं प्रोग्राम लिखना चाहिए, (ii) तत्पश्चात रेडीमेड प्रोग्राम से परामर्श करना चाहिए, (iii) अतिरिक्त कार्यक्षमता के साथ प्रोग्राम को बढ़ना चाहिए।

पायथन में कई लाइब्रेरी और फ्रेमवर्क हैं, और अधिक नियमित रूप से विकसित किए जाते हैं। इस पुस्तक का लक्ष्य आपको और अधिक जानने के लिए जिज्ञासु बनाना है। मुझे विश्वास है कि आपको सावधानी से तैयार किए गए विभिन्न उदाहरणों और दृष्टांतों के माध्यम से सीखने का अच्छा समय(time) मिलेगा। यदि आपके पास पुस्तक में सुधार करने के लिए कोई प्रतिक्रिया है, तो मुझे सीधे लिखने के लिए स्वतंत्र महसूस करें।

रूपेश नासरे।

आउटकम बेस्ड एजुकेशन

परिणाम आधारित शिक्षा के कार्यान्वयन के लिए पहली आवश्यकता परिणाम आधारित पाठ्यक्रम विकसित करना और शिक्षा प्रणाली में परिणाम आधारित मूल्यांकन को शामिल करना है। परिणाम आधारित मूल्यांकनों के माध्यम से, मूल्यांकनकर्ता मूल्यांकन करने में सक्षम होंगे कि क्या छात्रों ने निर्धारित मानक(standard), विशिष्ट और मापने योग्य परिणाम प्राप्त किए हैं। परिणाम आधारित शिक्षा को उचित रूप से शामिल करने से सभी शिक्षार्थियों के लिए न्यूनतम(minimum) मानक(standard) प्राप्त करने के लिए एक निश्चित प्रतिबद्धता होगी। परिणाम आधारित शिक्षा की सहायता से चल रहे कार्यक्रम के अंत में, एक छात्र निम्नलिखित परिणामों पर पहुंचने में सक्षम होगा|

प्रोग्राम आउटकम (PO) एक कथन है जो यह बताता है कि कार्यक्रम से स्नातक होने पर छात्रों से क्या जानने और करने में सक्षम होने की उम्मीद की जाती है। ये कौशल, ज्ञान, विश्लेषणात्मक क्षमता दृष्टिकोण और व्यवहार से संबंधित हैं जो छात्र कार्यक्रम के माध्यम से प्राप्त करते हैं। PO अनिवार्य रूप से यह इंगित करते हैं कि छात्र कार्यक्रम के दौरान उनके द्वारा प्राप्त विषय-वार ज्ञान से क्या कर सकते हैं। इस प्रकार, PO एक इंजीनियरिंग डिप्लोमा स्नातक के पेशेवर प्रोफाइल को परिभाषित करते हैं।

राष्ट्रीय प्रत्यायन बोर्ड (NBA) ने इंजीनियरिंग डिप्लोमा स्नातक के लिए निम्नलिखित सात पीओ को परिभाषित किया हैः

PO1. बुनियादी और अनुशासन विशिष्ट ज्ञानः इंजीनियरिंग समस्याओं को हल करने के लिए बुनियादी गणित, विज्ञान और इंजीनियरिंग मूल सिद्धांतों और इंजीनियरिंग विशेषज्ञता के ज्ञान का उपयोग करना।

PO2. समस्या विश्लेषणः संहिताबद्ध मानक(standard) विधियों का उपयोग करके अच्छी तरह से परिभाषित इंजीनियरिंग समस्याओं की पहचान और विश्लेषण करना।

PO3. समाधानों का डिजाइन/विकासः अच्छी तरह से परिभाषित तकनीकी समस्याओं के लिए समाधान डिजाइन करना और निर्दिष्ट जरूरतों को पूरा करने के लिए सिस्टम के घटकों या प्रक्रियाओं के डिजाइन के साथ सहायता करना।

PO4. अभियांत्रिकी उपकरण, प्रयोग और परीक्षण मानक(standard) परीक्षण और माप करने के लिए आधुनिक इंजीनियरिंग उपकरण और उपयुक्त तकनीक(technique) का उपयोग करना।

PO5. समाज, स्थायित्व और पर्यावरण के लिए अभियांत्रिकी कार्यप्रणालियांः समाज, निरंतरता, पर्यावरण और नैतिक प्रथाओं के संदर्भ में उपयुक्त प्रौद्योगिकी(technology) का उपयोग करना।

PO6. परियोजना प्रबंधनः इंजीनियरिंग प्रबंधन सिद्धांतों का व्यक्तिगत रूप से उपयोग करना।, एक टीम के सदस्य या नेता के रूप में परियोजनाओं का प्रबंधन करना। और अच्छी तरह से परिभाषित इंजीनियरिंग गतिविधियों के बारे में प्रभावी रूप से संवाद करना।

PO7. जीवन भर की पढाई: व्यक्तिगत आवश्यकताओं का विश्लेषण करने और तकनीकी परिवर्तनों के संदर्भ में अद्यतन करने में संलग्न होने की क्षमता।

कोर्स आउटकम (CO)

पाठ्यक्रम के अंत तक छात्रों से यह अपेक्षा की जाती हैः

CO-1: अभिकलन का प्रयोग करते हुए समस्याओं के समाधान हेतु प्रोग्रामिंग में आवश्यक पृष्ठभूमि(background)

CO-2: दिए गए पाइथन प्रोग्राम(programme) को समझें और पता लगाएं कि यह क्या करता है|

Co-3 सख्यात्मक और स्ट्रिंग(string) समस्याओं के लिए सरल समाधान कोडिंग|

CO-4: स्ट्रिग(string) और फाइलो में पैटर्न के लिए खोज करने के लिए Regular Expression का उपयोग करना|

CO-5: सरल वेब अनुप्रयोगों को बनाने के लिए Django का उपयोग करना।

कार्यक्रम के परिणामों के साथ पाठ्यक्रम के परिणामों की मैपिग नीचे दिए गए मैट्रिक्स के अनुसार की जाएगी |

Course Outcomes	**Expected Mapping with Programme Outcomes (1- Weak Correlation; 2- Medium correlation; 3- Strong Correlation)**						
	PO-1	**PO-2**	**PO-3**	**PO-4**	**PO-5**	**PO-6**	**PO-7**
CO-1	3	3	3	3	1	1	3
CO-2	3	2	2	2	1	1	3
CO-3	3	2	2	2	1	1	3
CO-4	3	2	2	3	1	1	3
CO-5	3	3	3	3	1	1	3

शिक्षक के लिए हिदायतें

परिणाम आधारित शिक्षा (OBE) को लागू करने के लिए ज्ञान स्तर और छात्रों के कौशल(manoeuvre) को प्रोत्साहित किया जाना चाहिए। शिक्षकों को OBE के उचित कार्यान्वयन के लिए एक प्रमुख जिम्मेदारी लेनी चाहिए। OBE प्रणाली में शिक्षकों के लिए कुछ जिम्मेदारियां (सीमित नहीं) निम्नानुसार हो सकती हैं:

◆उचित सीमा के भीतर, उन्हें सभी छात्रों के सर्वोत्तम लाभ के लिए समय(time) का सदुपयोग करना चाहिए।

◆उन्हें छात्रों के साथ भेदभाव करने के लिए किसी अन्य संभावित अयोग्यता पर विचार किए बिना केवल निश्चित परिभाषित मानदंडों के आधार पर उनका मूल्यांकन करना चाहिए।

◆उन्हें संस्थान छोड़ने से पहले छात्रों की सीखने की क्षमताओं को एक निश्चित स्तर तक बढ़|ने की कोशिश करनी चाहिए।

◆उन्हें यह सुनिश्चित करने का प्रयास करना चाहिए कि सभी छात्र अपनी शिक्षा पूरी करने के बाद गुणवत्तापूर्ण ज्ञान के साथ-साथ सक्षमता से परिपूर्ण हों।

◆उन्हें हमेशा छात्रों को अपनी अंतिम प्रदर्शन क्षमताओं को विकसित करने के लिए प्रोत्साहित करना चाहिए।

◆उन्हें नए दृष्टिकोण को समेकित करने के लिए टीम वर्क को सुविधाजनक और प्रोत्साहित करना चाहिए।

◆उन्हें मूल्यांकन के हर हिस्से में ब्लूम के वर्गीकरणका पालन करना चाहिए।

स्तर	**शिक्षक करें जांच**	**स्टूडेंट्स को होना चाहिए सक्षम**	**मूल्यांकन का संभावित मोड**
बनाएँ (Create)	विद्यार्थियों की सृजनात्मकता क्षमता	डिजाइन या बनाएँ	लघु परियोजना
मूल्यांकन (Evaluate)	छात्र की औचित्य सिद्ध करने की क्षमता	तर्क या बचाव	आबंटन
विश्लेषण (Analyse)	छात्रों की पहचान करने की क्षमता	विभेद या विभेद	परियोजना/प्रयोगशाला पद्धति
प्रयोग (Apply)	छात्रों का जानकारी इस्तेमाल करनेकी क्षमता	चलाएँ या दिखाएँ	तकनीकी प्रस्तुति/प्रदर्शन
समझना (Understand)	छात्रों को अपने विचार समझाने की क्षमता	समझाएँ या वर्गीकरण	प्रस्तुतिकरण/संगोष्ठी
याद रखना (Remember)	छात्रों की याद करने (या याद रखने) की क्षमता	परिभाषित करें या याद करें	क्विज

विद्यार्थियों के लिए मार्गदर्शक

छात्रों को ओबीई(OBE) को लागू करने के लिए समान(equal) जिम्मेदारी लेनी चाहिए। ओबीई प्रणाली में छात्रों के लिए कुछ जिम्मेदारियां (सीमित नहीं) इस प्रकार हैं:

◆प्रत्येक पाठ्यक्रम में एक यूनिट की शुरुआत से पहले छात्रों को प्रत्येक Unit Outcome (UO) के बारे में अच्छी तरह से पता होना चाहिए।

◆पाठ्यक्रम शुरू करने से पहले छात्रों को प्रत्येक Course Outcome (CO) के बारे में अच्छी तरह से पता होना चाहिए।

◆छात्रों को कार्यक्रम शुरू होने से पहले प्रत्येक Program Outcome (PO) के बारे में अच्छी तरह से पता होना चाहिए।

◆छात्रों को उचित चिंतन और कार्रवाई के साथ आलोचनात्मक और तर्कसंगत रूप से सोचना चाहिए।

◆छात्रों की शिक्षा को व्यावहारिक और वास्तविक(real) जीवन के परिणामों के साथ जोड़ा और एकीकृत किया जाना चाहिए।

◆छात्रों को OBE के हर स्तर पर अपनी योग्यता के बारे में अच्छी तरह से पता होना चाहिए।

सामग्री की तालिका

1. चर और डाटा प्रकार

यूनिट विशिष्टताएँ

इस यूनिट के माध्यम से हम निम्नलिखित पहलुओं पर चर्चा करते हैं:

➢ पाइथन प्रोग्रामिग भाषा का इतिहास

➢ पायथन द्वारा समर्थित सुविधाओं का समग्र(overall) सेट

➢ बुनियादी सेटअप और संस्थापन(installation)

➢ बुनियादी डेटा प्रकार, ऑपरेटर, इनपुट और आउटपुट

तर्कसंगत(RATIONALE)

यह प्रारंभिक यूनिट पाठकों को पायथन प्रोग्रामिग की मूल बातों से परिचित कराती है। यह पाइथन के निर्माण के एक संक्षिप्त इतिहास के साथ शुरू होता है। यूनिट तब एक उच्च स्तर पर भाषा की सुविधाओं के समग्र(overall) सेट को सूचीबद्ध करती है और यह प्रेरित करती है कि यह इतना लोकप्रिय क्यों हो गया है। इसके बाद यूनिट मूल भाषा वाक्यविन्यास, चर में खोजती है और पायथन में कुछ ज्ञात समस्याओं को हल करती है। फिर हम विभिन्न डेटा प्रकारों जैसे संख्या और स्ट्रिंग(string) को पेश करते हैं और उनका उपयोग करके समस्याओं को हल करते हैं। हम इस यूनिट को सूची (List), टपल (Tuple) और शब्दकोश (Dictionary) जैसे समग्र(overall) डेटा प्रकारों को शुरू करके समाप्त करते हैं। सशर्त कथन या Loop न होने की सीमा के बावजूद पाठकों को दिलचस्प समस्याओं से परिचित कराने का ध्यान रखा गया है।

आवश्यक शर्तें(Conditionals)

कोई नहीं

यूनिट आउटकम

इस यूनिट के परिणामों की सूची इस प्रकार है:

U1-01:	पाइथन का इतिहास समझें
U1-02:	सरल प्रोग्राम लागू करें और इसे निष्पादित(executed) करें
U1-03:	भिन्न डाटा प्रकार इस्तेमाल करें
U1-O4:	मूल इनपुट और आउटपुट का प्रदर्शन करें

Unit-1 Outcomes	EXPECTED MAPPING WITH COURSE OUTCOMES (1- Weak Correlation; 2- Medium correlation; 3- Strong Correlation)					
	CO-1	CO-2	CO-3	CO-4	CO-5	CO-6
U1-O1	3	3	3	-	3	1
U1-O2	1	1	2	2	1	-
U1-O3	2	1	3	1	2	1
U1-O4	-	-	3	1	2	2

1.1 इतिहास

पाइथन आज व्यापक रूप से इस्तेमाल की जाने वाली प्रोग्रामिग भाषा है। पहले सेमेस्टर के छात्रों से लेकर उद्योग कर्मियों के लिए अंतिम(final) वर्ष(year) की परियोजनाओं तक, पायथन का उपयोग ग्राफिक्स अनुप्रयोगों, पाठ प्रसंस्करण, डेटा विश्लेषण, अन्य के लिए कार्यक्रम विकसित करने में होता है।

पायथन का विकास एक डच प्रोग्रामर गुइदो वैन रोसम द्वारा किया गया था और इसे 1991 में जारी किया गया था। यह नाम बीबीसी के कॉमेडी शो मोंटी पायथन के फ्लाइंग सर्कस से प्रेरित है। पायथन एबीसी प्रोग्रामिग भाषा का उत्तराधिकारी है। इस लेखन के समय(time), पाइथन 3 पाइथन का नवीनतम प्रमुख रिलीज़ है (आपके कंप्यूटर पर, आप प्रोग्राम पाइथन3 देख सकते हैं)|

पाइथन पिछले 20 वर्षों से, पायथन शीर्ष 10 सबसे लोकप्रिय प्रोग्रामिग भाषाओं में रहा है। इस लेखन के समय(time) (जुलाई 2022), पायथन सबसे लोकप्रिय भाषा है, जो C और JAVA (TIOBE सूचकांक के अनुसार) को पीछे छोड़ देती है।

चित्र-1.1:"दो सांप" लोगो

1.2 विशेषताएं

पायथन एक सामान्य-उद्देश्य प्रोग्रामिग भाषा है और कई प्रतिमानों या प्रोग्रामिग के तरीकों का समर्थन करती है। उदाहरण के लिए, हम इसमें प्रक्रियात्मक (चरणों का अनुक्रम) के साथ-साथ ऑब्जेक्ट-ओरिएंटेड प्रोग्राम (ऑब्जेक्ट के रूप में संस्थाओं और संदेशों का उपयोग करके संचार(communication)) लिख सकते हैं। इसका उपयोग दूसरों के बीच function प्रोग्रामिग (लागू करने और function की रचना) लिखने के लिए भी किया जा सकता है। C और C++ के विपरीत(unlike), पायथन की व्याख्या की जाती है। इसका मतलब है कि पाइथन प्रोग्राम को संकलित और एक बाइनरी कोड(code) फाइल में संग्रहीत नहीं किया जाता है (उदाहरण के लिए, एक निष्पादन योग्य). लेकिन इसका Sourcec Code, मशीन कोड(code) में अनुवादित होता है और Interepreter द्वारा सीधे निष्पादित(executed) किया जाता है (बिना हम

निष्पादन योग्य कोड(code) को देखे). इस प्रकार, आपके कंप्यूटर पर, python3 एक Interepreter है (और GCC C प्रोग्राम के लिए एक Compiler है)

पाइथन एक Dynamically typed भाषा है। इसका मतलब है कि एक चर(variable) के प्रकार को Source code में निर्दिष्ट नहीं किया जा सकता है, और जब प्रोग्राम निष्पादित(executed) करता है तो इसकी पहचान की जाती है। पायथन Garbage Collection पर भी निर्भर करता है जो उन चरों की आवंटित स्मृति(memory) को पुनः प्राप्त करता है जिनकी अब आवश्यकता नहीं है (संदर्भित, सटीक होने के लिए)। यह प्रोग्रामर को JAVA की तरह मेमोरी डीलोकेशन के function से मुक्त करता है। पाइथन के पास standard librabries की एक व्यापक विविधता भी है, जो हमें जल्दी से जटिल कोड(code) लिखने की अनुमति देता है, जिससे हमारी उत्पादकता में सुधार होता है।

1.3 स्थापना और निष्पादन(execution)

यदि आपके पास इंटरनेट एक्सेस है, तो आप पायथन प्रोग्राम को ऑनलाइन लिख और निष्पादित(executed) कर सकते हैं (उदाहरण के लिए, Replit, CodeAcademy, Codevny) यदि आप इसे अपने लैपटॉप या आईपैड पर इंस्टॉल करना चाहते हैं, तो आप इसे पाइथन की आधिकारिक वेबसाइट www.python.org से विडोज या लिनक्स या आईपैडओएस या अन्य ऑपरेटिग सिस्टम के लिए उचित इंस्टॉल कर सकते हैं।

उदाहरण के लिए, निम्नलिखित स्क्रीनशॉट एक लिनक्स संस्थापन(installation) और पायथन के चलने को दर्शाता है|

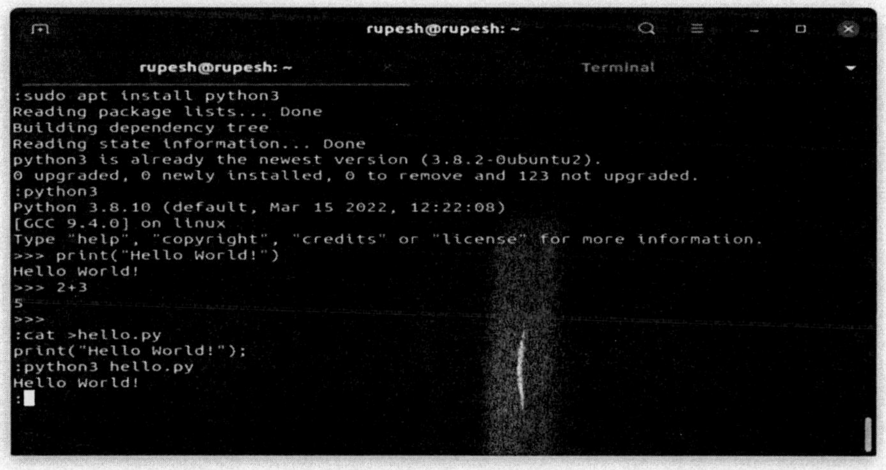

एक बार संस्थापित होने के बाद, आप पाइथन प्रोग्राम को निष्पादित(executed) करने के लिए पाइथन इंटरप्रेटर (ग्राफिकल यूजर इंटरफेस या कमांड लाइन के माध्यम) का उपयोग कर सकते हैं। Python प्रोग्राम आपके पसंदीदा एडिटर (जैसे, VS कोड(code) या Sublime या gedit या यहां तक कि Notepad) में लिखा जा सकता है।

कमांड लाइन पर, आप फाइल सिस्टम के माध्यम से नेविगेट करने के लिए कुछ बुनियादी आदेशों का उपयोग कर सकते हैं. उदाहरण के लिए, यदि आपकी home directory: /home/user है, तो आप पाइथन प्रोग्राम के लिए निर्देशिका बना सकते हैं:

```
$ cd                    # go to home directory
$ mkdir python          # create directory
$cd python              # go into that directory
$cat >hello.py          # create a new file hello.py
print("HelloWorld!")
$ python3 hello.py      # run the python interpreter
$cd..                   # come back to home directory
```

पाइथन प्रोग्राम आमतौर पर एक्सटेंशन .py (जैसे, hello.py) के साथ फ़|इलों में संग्रहीत होते हैं। एक कमांड-लाइन पर, हम प्रोग्राम को निम्नानुसार निष्पादित कर सकते हैं।

$ pyhton3 hello.py

उपर्युक्त कमांड-लाइन में, $ command-prompt, को दर्शाता है python3 एक इंटरप्रेटर हैं, और hello.py एक text-file फाइल है जो आपका प्रोग्राम है| आपके कंप्यूटर पर, इंटरप्रेटर का नाम आपके संस्थापन के अनुसार भिन्न हो सकता है. उदाहरण के लिए, विडोज पर, द्विभाषिक बाइनरी पाइथन का नाम है। इसके अलावा, पायथन के नए संस्करणों के साथ, बाइनरी नाम पायथन में बदल सकता है।

1.4 हैलो वर्ल्ड (Hello World!)

एक विशिष्ट प्रोग्रामिग भाषा का पहला प्रोग्राम जो स्क्रीन पर मुद्रित (print) होता है, Hello World! नीचे पाइथन में हमारा पहला कार्यक्रम है।

```
print("Hello World!")
```

प्रोग्राम स्क्रीन पर संदेश(message) आउटपुट करने के लिए एक फंक्शन *print()* का उपयोग करता है। संदेश(message) को मुद्रित करने के लिए एक तर्क के रूप में दिया गया है और दोहरे उद्धरणों (") में निर्दिष्ट किया गया है। इसे एकल-उद्धरणों (') या तीन-उद्धरणों (''' or """) में भी निर्दिष्ट किया जा सकता है। जब इंटरप्रेटर का उपयोग करके निष्पादित किया जाता है, तो यह संदेश(message) को आउटपुट देता है।

```
$ python3 hello.py
HelloWorld!
$
```

अंतिम $ इंगित करता है कि अगले कमांड के लिए कमांड-प्रॉम्प्ट फिर से प्रदर्शित किया जाता है.

1.5 इनपुट और आउटपुट

Function *print()* का प्रयोग आउटपुट के लिए किया जाता है, जबकि function *input()* का प्रयोग प्रयोक्ता से इनपुट लेने के लिए किया जाता है। निम्नलिखित function पर विचार करें जहां हम उपयोगकर्ता के नाम को इनपुट के रूप में लेना चाहते हैं और उपयोगकर्ता का अभिवादन करते हैं।

```
$ python3 greet.py
What is your name?
Guido van Rossam
Hello Guido van Rossam
$
```

यहाँ एक समस्या यह है कि हम ठीक उसी नाम का अभिवादन करना चाहेंगे जो दर्ज किया गया था। यह हमें इनपुट के दौरान नाम को संग्रहीत करने और आउटपुट के दौरान इसे पुनः प्राप्त करने की मांग करता है। इस तरह की यूनिट को चर(variable) कहा जाता है। चर(variable), एक मूल्य(value) का भंडारण करने में सक्षम होता है जिसे बाद में पुनः प्राप्त किया जा सकता है। वास्तव में, एक चर (variable) अलग-अलग समय पर अलग-अलग मानों को पकड़ सकता है। उपर्युक्त कार्यक्षमता को प्राप्त करने वाला हमारा प्रोग्राम इस तरह दिखता है।

1. **print**("What is your name?")
2. name =**input**()
3. **print**("Hello", name)

ध्यान दें कि प्रोग्राम को लाइन संख्याओं के साथ दिखाया गया है, जो प्रोग्राम का हिस्सा नहीं हैं। लाइन 1 उपयोगकर्ता का नाम पूछते हुए हमारे संदेश(message) को प्रिंट करती है। लाइन 2 इनपुट नाम लेता है और इसे name नामक एक चर(variable) में संग्रहीत करता है। लाइन 3 हम उपयोगकर्ता का अभिवादन करने के लिए एक ही चर(variable) का उपयोग करते हैं।

आपने देखा होगा कि रेखा(line 1 और 3) दोनों *print()* function का उपयोग करते हैं लेकिन argument की एक अलग संख्या(number) लेते हैं (इसे बहुरूपता कहा जाता है)। वास्तव में, print() function को argument की एक मनमानी संख्या(number) के साथ बुलाया जा सकता है।

"एक और उल्लेखनीय बिदु(point) यह है कि लाइन 3 छपाई स्वचालित रूप से दो स्ट्रिंग(string) "Hello" "और" " Guido van Rossam" "को एक स्थान द्वारा अलग करती है (ऊपर का आउटपुट देखें)।" यह print() का डिफ़ॉल्ट व्यवहार है. एक और उदाहरण के तौर पर, नीचे दिए गए कार्यक्रम पर विचार कीजिए।

```
print("Hello", "World!")
print("Bye", World!")
```

उपर्युक्त प्रोग्राम का आउटपुट क्या होगा?

Hello World!
Bye World!

हमने अपने कार्यक्रम में न तो स्थान निर्दिष्ट किया और न ही नई पंक्ति। यह *print()* का डिफ़ॉल्ट व्यवहार है। इस व्यवहार को अतिरिक्त argument के साथ बदला जा सकता है|

```
1. $ print("Hello", "World!", end ='####')

2. $ print("Bye", "World!", end ='$$')
3. $ print("With sep", "and end.", sep = ' ',  end ='\n')
```

उपरोक्त प्रोग्राम का आउटपुट है

```
Hello World! ####Bye$$World!
With sep and end.
```

SourceCode की पंक्ति 1 डिफ़ॉल्ट विभाजक स्थान 'द्वारा अलग किए गए दो स्ट्रिंग(string) को छापता है लेकिन' ####' के साथ समाप्त होता है. तब पंक्ति 2 '$' द्वारा अलग किए गए दो स्ट्रिंग(string) को छापता है और डिफ़ॉल्ट अंत-रेखा(line) अक्षर '\n' के साथ समाप्त होता है। लाइन 3 स्पेस द्वारा अलग किए गए दो स्ट्रिंग(string) को प्रिंट करता है, जो स्पष्ट रूप से निर्दिष्ट है, और एक नई लाइन के बाद एक पूर्ण-विराम के साथ समाप्त होता है। इस प्रकार, अलग-अलग स्ट्रिंग(string) को **sep** द्वारा अलग किया जाता है और रेखा(line) को अंत में समाप्त किया जाता है, जिसके डिफ़ॉल्ट मान क्रमशः ' 'और' \n 'हैं। '\n' नया पंक्ति वर्ण है. यह भी ध्यान दें कि स्ट्रिंग(string) इस कार्यक्रम में एकल के साथ-साथ डबल कोट्स के साथ निर्दिष्ट किए गए हैं।

उदाहरण

Program	Output
print('1', '+', '2','=','3')	1 + 2 = 3
print(1+2,3/2)	3 1.5
print("a""b""c""d", sep = ",")	a,b,c,d
id = "rupesh" domain = "cse.iitm.ac.in" print(id, domain, sep= '@')	rupesh@cse.iitmac.in
id = "rupesh" print(id,end= '@') print("cse","iitm", "ac", "in",sep= ".")	rupesh@cse.iitmac.in

एक ऐसे प्रोग्राम पर विचार करें जिसमें हम एक उपयोगकर्ता से नाम और जन्म का वर्ष(year) पूछना चाहते हैं, और फिर उस उपयोगकर्ता की उम्र प्रदर्शित करते हैं। हम इस प्रकार के प्रोग्राम का प्रारंभिक(initial) भाग लिख सकते हैं।

```
print("Enter your name: ")
name = input()
print("Enter your year of birth: ")
yob = input()
```

निष्पादित(executed) होने पर, प्रोग्राम निम्नानुसार function करता है।

```
Enter your name:
Guido van Rossam
Enter your year of birth:
1956
```

यह अच्छा होगा अगर इनपुट एक ही लाइन पर प्रदान किया जाए। इसे इस प्रकार हासिल किया जा सकता है।

```
print("Enter your name: ", end = '')
name = input()
print("Enter your year of birth: ", end = '')
yob = input()
```

इसे प्राप्त करने का एक और तरीका input() के लिए एक argument के रूप में स्ट्रिंग(string) को निर्दिष्ट करना है।

```
name = input("Enter your name: ")
yob = input("Enter your year of birth: ")
```

जब इसे निष्पादित(executed) किया जाता है, तो कार्यक्रम उम्मीद के अनुसार काम करता है।

```
Enter your name: Guido van Rossam
Enter your year of birth: 1956
```

अब हम उपयोगकर्ता की उम्र की गणना करने के फ़ंक्शन पर वापस आते हैं। इस प्रकार, प्रोग्राम को निम्नलिखित को प्रिंट करने में सक्षम होना चाहिए (वर्ष(year) 2023 में)।

```
Enter your name: Guido van Rossam
Enter your year of birth: 1956
Hey Guido van Rossam you are 67 years old!
```

इसे इस प्रकार हासिल किया जा सकता है।

```
name = input("Enter your name: ")
yob = input("Enter your year of birth: ")
print('Hey', name, 'you are', (2023-yob), 'years old!')
```

दुर्भाग्य से, यह सरल कार्यक्रम काम नहीं करता है। क्यों?

पायथन इंटरप्रेटर चर(variable) yob को प्रकार स्ट्रिग(string) का मानता है। इसलिए, इसका उपयोग सीधे अंकगणितीय अभिव्यक्तियों (जैसे 2023-yob) में नहीं किया जा सकता है। इसका मतलब है कि स्ट्रिग(string)'1956' को पूर्णांक मूल्य(value) 1956 से अलग माना जाता है। अंकगणितीय अभिव्यक्ति (arithmetic expression) में उपयोग करने के लिए, हमें स्ट्रिग(string) 1956 को पूर्णांक 1956 में बदलने की आवश्यकता है। यह int () फ़ंक्शन का उपयोग करके किया जा सकता है।

```
name = input("Enter your name: ")
yob = input("Enter your year of birth: ")
print('Hey',name,'you are',(2023-int(yob)),'years old!')
```

भविष्य कनेक्टः हार्डकोडिग 2023 या कार्यक्रम में वर्तमान वर्ष(year) के बजाय, यह अच्छा होगा अगर हमारा कार्यक्रम चालू वर्ष(year) का पता लगा सकता है। यह दिनांक time मॉड्यूल (module) का उपयोग करके किया जा सकता है, जिसका हम बाद मे अध्ययन करेंगे।

स्ट्रिग(string) और int के समान, पाइथन द्वारा समर्थित अन्य डेटा प्रकार भी हैं। चलिए एक नजर डालते हैं।

1.6 बुनियादी डेटा प्रकार(Data Types) और ऑपरेटर (Operators)

पाइथन संख्यात्मक प्रकारों जैसे पूर्णांक, फ्लोटिग पॉइंट और साथ ही साथ जटिल (complex) संख्याओं का समर्थन करता है। यह बूलियन मूल्यों और स्ट्रिग(string) का भी समर्थन करता है। इसके अलावा, एक चर(variable) के मान को एक प्रकार से दूसरे में परिवर्तित किया जा सकता है (जैसा कि हमने पिछले उदाहरण में देखा)।

उदाहरणः एक कार्ड याहच्छिक(random) रूप से अच्छी तरह से बदले(shuffle) किए गए कार्डों के डेक से निकला जाता है। इस संभावना का पता लगाएं कि यह न तो राजा है और न ही हुकुम का कार्ड।

हम जानते हैं कि डेक में कुल 52 कार्ड हैं, 4 सूटों में विभाजित हैं, प्रत्येक में 13 कार्ड हैं। तब हम वांछित प्रायिकता(probability) की गडना इस प्रकार कर सकते हैं।

```
1. ncards = int(52)
2. nkings = int(4)
```

```
3. nspades = int(13)
4. nspadeking = int(1)
5. nnonspadenonking = ncards - (nkings +  nspades - nspadeking)
6. probnonspadenonking - nnonspadenonking/ncards
7. print("Probability of nonking, nonspade is", probnonspadenonking)
```

इस संगणना का आउटपुट है:

```
Probability of nonking, nonspade is 0.6923076923076923
```

हम प्रारूप विनिर्देश(specification) का उपयोग करके कुछ दशमलव(decimal) अंकों तक आउटपुट को प्रतिबंधित कर सकते हैं (C के समान)।

```
8. print("Probability is %f", %probnonspadenonking,
9.                        '%.2f %probnonspadenonking)
```

केवल इन दो लाइनों (लाइनों 8 और 9) का आउटपुट है:

```
Probability is 0.692308  0.69
```

चलिए इस फॉर्मेटेड प्रिटिग को समझते हैं। फ़ॉर्मेट विनिर्देशक (specifier) %f अगले Argument %probnonsadenonking को एक एकल-परिशुद्धता मान होने के लिए मुद्रित(print) करने का निर्देश देता है जो डिफ़ॉल्ट रूप से आउटपुट को छह दशमलव(decimal) अंकों तक सीमित रखता है (मूल दोहरे-परिशुद्धता मान के विपरीत). फ़ॉर्मेट विनिर्देशक(specifier) %.2f इसे 2 दशमलव(decimal) अंकों तक सीमित रखता है. ध्यान दें कि फ़ॉर्मेट विनिर्देशक(specifier) और %चर (variable) के बीच कोई विराम नहीं है.

एक और गैर-तकनीकी बिदु(point) यह कार्यक्रम प्रकट करता है चर(variable) नामों के बारे में है। जैसा कि आप देख सकते हैं, चर(variable) पढ़ना मुश्किल है। इसमें सुधार के लिए Camel case का उपयोग किया जा सकता है।

```
nCards = int(52)
nKings = int(4)
nSpades = int(13)
nSpadeKing = int(1)
nNonSpadeNonKing = nCards - (nKings +  nSpades - nSpadeKing)
probNonSpadeNonKing - nNonSpadeNonKing/nCards
print("Probability of nonKing, nonSpade is", probNonSpadeNonKing)
```

अच्छा प्रोग्रामिग प्रचलन: Varibales नामों का चयन इस प्रकार करें जो पढ़ने और समझने में आसान हैं.

उदाहरण: प्रथम n प्राकृतिक संख्याओं के योग को ढूँढें।

हमे पहली n संख्या के योग की गणना करने के लिए सूत्र(formula) पता है:

n*(n + 1)/2.

आइए हम अपने प्रोग्राम को लिखने के लिए इसका उपयोग करें।

```
10. nstr = input()
11. n = int(nstr)
12. sum =  n*(n+1)/2
13. print(sum)
```

अब हम समझते हैं कि *input()* एक स्ट्रिग(string) लौटाएगा, जिसे हमें एक पूर्णांक (लाइन 2) में बदलने की आवश्यकता है। इसके बाद, हम सूत्र(formula) रेखा(line3) लागू करते हैं और योग मुद्रित(print) करते हैं। इनपुट 10 के लिए, प्रोग्राम को 55 प्रिंट करना चाहिए।

10

55

आउटपुट से, यह स्पष्ट है कि गणना उचित है, लेकिन योग एक वास्तविक(real) संख्या के रूप में मुद्रित(print) है। ऐसा इसलिए होता है क्योंकि डिवीजन ऑपरेटर (/) एक फ्लोटिग पॉइंट डिवीजन का उपयोग करता है। हम इसे कई तरीकों से पूर्णांक में परिवर्तित कर सकते हैं।

```
1. n = int(input())
2. sum =  n*(n+1)/2
3. print(int(sum))              # using explicit conversion
4. print("%d"%sum)              # using format specifier
5. sum = n*(n+1)//2             # using integer division
6. print(sum)
```

लाइन 1 *input()* स्ट्रिग(string) को पढ़ता है, इसे एक संख्या में परिवर्तित करता है और इसे चर(variable) n में संग्रहीत करता है। लाइन 2 योग की गणना करता है, जो डिफ़ॉल्ट रूप से एक वास्तविक(real) मूल्य(value) है। हम इसे *int()* function का उपयोग करके लाइन 3 मे प्रिंट करते हैं। मान को पूर्णांक के रूप में मुद्रित(print) करने के लिए फ़ॉर्मेट स्पेसीफ़आयर "%d” भी है. हम लाइन 4 में इसका उपयोग करते हैं। वैकल्पिक रूप से, पाइथन एक पूर्णांक split ऑपरेटर (//) प्रदान करता है। लाइन 5 पर, हम इसका उपयोग करते हैं (अब एक ही राशि चर(variable) एक पूर्णांक मान स्टोर करता है)। हम लाइन 6 पर पूर्णांक मुद्रित(print) करते हैं।

यह कार्यक्रम कई बिदुओं पर प्रकाश डालता है। सबसे पहले, प्रकार (Data types) परस्पर परिवर्तनीय हो सकते हैं। दूसरा, एक चर(variable) के पास एक निश्चित प्रकार नहीं होता है, इसमें प्रोग्राम के विभिन्न बिदुओं पर विभिन्न प्रकार के मान हो सकते हैं (उदाहरण के लिए, चर(variable) योग) । इसलिए, हम उन्हें पाइथन में घोषित नहीं करते हैं। तीसरा, ग्रे फ़ॉन्ट में लाइन्स 3, 4 पर टिप्पणियाँ नोटिस करें। टिप्पणियां #से शुरू होती हैं और उस पंक्ति के अंत तक रहती हैं।

कमेंट्स(comments) कार्यक्रम(program) की पठनीयता में सुधार के लिए हैं और निष्पादित(executed) नहीं कर रहे हैं. पाइथन में बहुपंक्ति (multilines) टिप्पणियां अक्सर ट्रिपल उद्धरणों (''', ''') का उपयोग करके लिखी जाती हैं।

अच्छा प्रोग्रामिग प्रचलनः कोड(code) पठनीयता में सुधार के लिए टिप्पणियों का विवेकपूर्ण उपयोग करें.

उदाहरण(example)

Program	**Output**
print(5 + 3 / 4 - 2)	3.75
print(3.1 * 3.2 ** 3.3) # ** is an exponentiation operator # similar to Fortran	143.99805374858647
print("Last digit of 1234 is", 1234 **%** 10) # % is a modulus operator # which gives the remainder	Last digit of 1234 is 4

पाइथन के पास जटिल संख्याओं के लिए अंतर्निहित समर्थन है निम्नलिखित उदाहरण(example) इसके वाक्यविन्यास (Syntax) को व्यक्त करता हैं|

Program	**Output**
1. x = **1 + 2j** # create 2. y = **complex**(1, -2) # create 3. 4. z = x - y # arithmetic 5. print(z) 6. 7. z = x * y # arithmetic 8. print(z) 9. print(z.real, '+', z.imag, 'j')	 4j (5+0j) 5.0 + 0.0 j

लाइन 1 और 2 जटिल संख्याओं (complex numbers) के निर्माण के दो तरीके प्रस्तुत करते हैं (हम एक जटिल संख्या को एक उपयोगकर्ता इनपुट के रूप में भी पढ़ सकते हैं) रेखाएँ 4 और 7 जटिल संख्याओं को शामिल करने वाले सरल अंकगणित को दर्शाती हैं। इस प्रकार, 9 वें चरण में, अपने वास्तविक(real) और काल्पनिक भागों को अलग करने के तरीके को दिखाया गया है।

1.7 स्ट्रिग(string)

स्ट्रिग(string), पाइथन में एक मौलिक डेटा प्रकार है और भाषा स्ट्रिग(string) में हेरफेर करने के कई तरीके प्रदान करती है। स्ट्रिग(string) एकल('), डबल("), या ट्रिपल (''') उद्धरणों में संलग्न हैं। ट्रिपल-कोटेड स्ट्रिग(string) कई लाइनों को फैला सकते हैं। '\n' जैसे कुछ संप्रतीकों का विशेष अर्थ होता है और उन्हें दो संप्रतीकों के रूप में नहीं, बल्कि एक के रूप में माना जाता है। इन्हें एस्केप कैरेक्टर(escape charater) या एस्केप सीक्वेंस (escape sequence) कहा जाता है। स्ट्रिग(string) को + ऑपरेटर का उपयोग करके आसानी से जोडा जा सकता है। ध्यान दें कि संयोजन दो स्ट्रिग(string) के बीच एक जगह नहीं जोड़ता है।

उदाहरण(Example)

Program	Output

oneline = 'one line'
twoline = '''two
    lines''' # triple-quotes
print(oneline, twoline)
	one line two
	    lines

errorline = "error line" # double-quotes	Syntax Error
print("My drive is c:\nasre") # note \n print("My drive is c:\\nasre") # escaped slash print(r"My drive is c:\nasre") # raw string	My drive is c: asre My drive is c:\nasre My drive is c:\nasre
print("Tab\tseparated\ttext\non the second line")	Tab separated text on the second line
print('I don\'t understand quotes.') print("I don't"'understand' '''quotes.''')	'I don't understand quotes. 'I don'tunderstandquotes.
# quoted strings can be concatenated	
oneline = 'one line' print(oneline, oneline) # space separated print(oneline + oneline) # concatenated	 one line one line one lineone line
print("My answer is", 3*"No !") n = int(input()) print(n*"Python ")	My answer is No ! No ! No ! 5 Python Python Python Python Python

जैसा कि अंतिम(final) उदाहरण(example) से पता चलता है, स्ट्रिग(string) को आसानी से गुणक के साथ भी दोहराया जा सकता है।

पाइथन स्ट्रिग(string) में हेरफेर करने के लिए प्रचालकों(operators) और functions का एक सेट प्रदान करता है। हम नीचे कुछ उदाहरणों के साथ इसे स्पष्ट कर रहे हैं।

उदाहरण(example):

निम्नलिखित उदाहरणों के लिए, इस इनिशियलाइज़एशन मान लीजिए:

name = "Python Programming"

ID	Program	Output
1	print(name[0], name[7], len(name))	P P 18
2	name[0] = "C"	Syntax Error
3	print(name[-1], name[-11], name[-len(name)])	g P P
4	first = name[1:5] second = name[7:len(name)] print(first, second, sep = ',')	ytho, Programming
5	first = name[1:6] second = name[7:] print(first, second, sep = ',') name = second + " " + first; print(name)	Python,Programming Python Programming
6	print(name[1::2])	yhnPormig

आईडी 1 अनुक्रमणिका(index) के साथ पहला प्रोग्राम स्ट्रिग(string) नाम में अनुक्रमणिका बनाता है और व्यक्तिगत अक्षरों (जो वास्तव में एक लंबाई(length) वाले स्ट्रिग(string) हैं) को निकालता है। अनुक्रमणिका(index) 0 से शुरू होती है. इस प्रकार, name[0] पहले P को मुद्रित(print) करता है। स्ट्रिग(string) की लंबाई(length) अर्थात, इसमें अक्षरों की संख्या(number) को खोजने के लिए, ***len()*** function का प्रयोग किया जा सकता है। अंतिम अक्षर अनुक्रमणिका(index) len(name)-1 पर है।

आईडी 2 के साथ प्रोग्राम name[0] में लिखकर स्ट्रिग(string) को संशोधित करने की कोशिश करता है. संयोग से, यह पायथन में अस्वीकृत है (इस तरह के स्ट्रिग(string) को अपरिवर्तनीय कहा जाता है)। यदि हम एक स्ट्रिग(string)संशोधित करना चाहते हैं, तो हमें पूरी स्ट्रिग(string), असाइन (assign) करने की आवश्यकता है। यह आईडी 5 के साथ कार्यक्रम में दिखाया गया है जहां नाम को एक अलग स्ट्रिग(string) को फिर से सौंपा गया है।

आईडी 3 साथ कार्यक्रम अजीब रूप(form) से नकारात्मक सूचकांकों का उपयोग करता है! पायथन नकारात्मक अनुक्रमण का समर्थन करता है जिसका अर्थ पीछे की ओर गिना जा रहा है। इस प्रकार, name[-1] अंतिम अक्षर को अनुक्रमित करता है। चूंकि यह रिवर्स इंडेक्सिग-1 से शुरू होता है, इसलिए पहला अक्षर इंडेक्स -len(name) पर होगा।

आईडी 4 के साथ प्रोग्राम सबस्ट्रिग निकालता है। यह इंडेक्स सीमा को निर्दिष्ट करके किया जा सकता है [x:y] जहाँ सूचकांक x से शुरू होने वाले सभी वर्ण से लेकर y के पहले तक सबस्ट्रिग बनाते हैं। इस प्रकार, name[1:5] में name[1], name[2], name[3], और name[4] (ytho) शामिल है-इसमें name[5] शामिल नहीं है। हम दूसरे शब्द(word) को नाम के साथ निकाल सकते हैं [7:len(name)], जो प्रोग्रामिग मुद्रित(print) करता है। फिर ध्यान दें कि len(name) अंतिम अक्षर के सूचकांक के बाद का एक सूचकांक है।

आईडी 5 के साथ प्रोग्राम name से दो शब्दों को निकालता है। पहला इंडेक्स का डिफ़ॉल्ट 0 निर्दिष्ट नहीं किया जा रहा है, जबकि स्ट्रिग(string) की लंबाई(length) के लिए द्वितीय इंडेक्स डिफ़ॉल्ट निर्दिष्ट नहीं किया जा रहा है|

आईडी 6 के साथ अंतिम प्रोग्राम विषम(odd) सूचकांकों पर अक्षर छापता है. यह सूचकांक 1 (अक्षर y) से शुरू होता है, स्ट्रिग(string) के अंत तक जाता है और इंडेक्स को 2 से बढ़|ता है।

उदाहरणः रोल संख्या(number) से उसके भाग(Feilds) निकालें.

निम्नलिखित प्रारूप के रोल नंबर के साथ एक संस्थान पर विचार करें। एक उदाहरण(example) रोल नंबर CS23B010 है।

◆रोल नंबर वास्तव में आठ अक्षरों लंबा है।

◆पहले दो अक्षर विभाग का संकेत देते हैं (जैसे, CS, ME, EE, AE).

◆अगले दो अंक प्रवेश वर्ष(year) (जैसे, 23,22,21,20) का संकेत देते हैं।

◆अगला अक्षर डिग्री(degree) के लिए है (जैसे बीटेक के लिए बी, एमटेक के लिए एम, एमएस के लिए एस, पीएचडी के लिए पी)।

◆अंतिम तीन अंक कक्षा के भीतर स्थिति का संकेत देते हैं।

हमारा काम एक इनपुट रोल नंबर से इन विभिन्न क्षेत्रों को निकालना है। समाधान Program नीचे दिया गया है।

```
rollno = input()                # CS23B010
branch = rollno[0:2]            # CS
year = int(rollno[2:4])         # 23
degree = rollno[4]              # B
position = int(rollno[5:8])     # 010

print(branch, "20%02d"%year,degree, position, sep = ',')
```

उदाहरणः intelligent word shuffle

जानिए कि नीचे दिया गया प्रोग्राम क्या करता है। टिप्पणिया आपको प्रोग्राम समझने में मदद करती हैं|

```
original  = "eleven plus two"

first = original[:6]          # eleven
second = original[6:12]       # plus
third = original[12:]         #two

first2 = first[:2]            # el
first3 = first[2]             # e
first45 = first[3:5]          # ve
first6 = first[-1]            # n

third2 = third[:2]            # tw
third3 = third[-1]            # o

original = first2 + first3 + first45 + first6 + second + third2 + third3
modified = third2 + first2 + first45 + second + third3 + first6 + first3

print(original,"==",modified)
```

पाइथन स्ट्रिंग(string) में हेरफेर करने के लिए कई प्रकार के function प्रदान करता है (उदाहरण के लिए, बडे अक्षरों में परिवर्तित करना, एक परिसीमक के आधार पर विभाजित करना, सबस्ट्रिग खोज आदि).

1.8 Compound Data Types

अब हम यौगिक डेटा प्रकार जैसे सूची (list), टपल(tuple) और शब्दकोश(dictionary) पेश करते हैं। ये सभी कई तत्वों के समुच्चय हैं (जो स्वयं समुच्चय हो सकते हैं)| हम इनका बाद में विस्तार से उपयोग करेंगे।

Datatype	List	Tuple	Dictionary
Properties	Unordered, allows duplicates, mutablc	Unordered, allows duplicates, immutable	Associative, unique, keys, mutable
Create	L =[0, 1, 2, "T", 4]	T = 0,1,2, "T",4 or L =(0,1,2,"T",40	D= {"IN": 91,"US" : 1, "AU":7} or D= dict(IN =91,US= 1, AU=7) Or D= dict([('IN',91), ('US' 1), ('AU', 7)])
Index	L[0], L[-1]	T[0],T[-1]	D['IN'], D['AU']
Range/Slice	L[1:5]	T[1:5]	Not supported
Length	len(L)	len(T)	len(D)
Concatenation	L + L	T +T	D1 | D2

			(Python 3.9 onwards)
Mutation	L[0] = 10	Not supported	D['US'] =2
Append	L.append(6)	Not supported	Use mutation
Remove	L[2:12] = []	Not supported	Del(D['US'])
Unpack	e1, e2, e3 = L	e1, e2, e3 = T	e1, e2, e3 = D.items()
Others	Empty list as [] One length list as [1]	Empty tuple as () One length tuple as (1,)	Empty dictionary as {} One length dictionary as {0: 'zero'}

ध्यान दें कि एक सूची के मामले में, L [2] = [], L[2] को नहीं हटाएगा। इसके बजाय, यह एक खाली सूची के साथ L[2] की जगह लेगा। यह भी ध्यान दें कि एक लंबाई(length) के टपल(tuple) को एक अतिरिक्त अल्पविराम के साथ इंगित किया जाता है, इसे एक मूल्य(value) से अलग करने के लिए, क्योंकि (1) को कोष्ठक मूल्य(value) 1 के रूप में माना जाएगा।

एक शब्दकोश(dictionary) को कुंजी(key)-मूल्य(value) के लिए एक भंडारण के रूप में देखा जाना चाहिए. कुंजी(keys) से मूल्यों(values) का मानचित्रण एक शब्दकोश(dictionary) में दर्ज है।

Future Connect: Loop (loop) का उपयोग करके निम्नलिखित प्रोग्राम को सामान्य तरीके से लागू किया जा सकता है।

उदाहरणः Mississippi शब्द(word) से सभी स्वरों को संग्रहीत(store) और मुद्रित(print) करें।

यहाँ, हम स्वरों को स्टोर करने के लिए एक सूची का उपयोग करेंगे।

```
word = "Mississippi"
vowels = []                    # empty list
vowels.append(word[1:2])
vowels.append(word[4:5])
vowels.append(word[7:8])
vowels.append(word[10:11])
print(vowels)
```

उदाहरणः डाक का पता देकर, उसके fields निकालकर छापिये।

यहाँ, हम स्ट्रिंग(string) को विभिन्न भागों में विभाजित करने के लिए एक स्ट्रिंग(string) फ़ंक्शन का उपयोग करेंगे, और सभी भागों वाले एक टपल(tuple)का उपयोग करेंगे।

```
address = '670, New Nandanvan Layout, Near Sham Dham Temple, Nagpur,
Maharashtra, 440024'

(plotNo, addrLine1, addrLine2, city, state, pincode) = address.split(', ')
print('Pincode =', pincode)
```

print('City =', city)

उदाहरणः डिरेक्ट्री से दोस्त का फोन नंबर निकालें.

हम एक शब्दकोश(disctionary) का उपयोग करके एक निर्देशिका लागू करेंगे, जिसकी कुंजी(key) मित्र के नाम के रूप में होगी और इसका मूल्य(value) मित्र के फोन नंबर के रूप में होगा।

```
phoneof = {'Rajesh':9432492125, 'Somesh':8793932633, 'JK':3283728272}
friend = input('Enter a friend\'s name: ')
print("The friend's phone number is", phoneof[friend])
```

संक्षेप (Unit Summary)

हमने पाइथन की उत्पत्ति के ऐतिहासिक पहलुओं को छुआ और संख्याओं और string का उपयोग करके सरल कार्यक्रम लिखने में ध्यान दिया। हमने सूची(list), टपल(tuple) और शब्दकोश(dictionary) जैसे समुच्चय भी पेश किए।

एक्सरसाइज

बहुविकल्पीय प्रश्न

1 निम्नलिखित प्रोग्राम का आउटपुट क्या है?

```
print("p","q", "r", sep = '=')

A. p=q=r
B. p=q=r=
C. =p=q=r
D. =p=q=r=
```

2. X को निम्न प्रोग्राम में बदलें जैसे कि आउटपुट pqr #pqr है।

```
print('pqr',X)
print('pqr')

A. '#'
B. """#"""
C. sep = '#'
D. end = '#'
```

3. यदि इनपुट 7.5 है तो निम्नलिखित कार्यक्रम का आउटपुट क्या है?

```
cgpa = input("Enter your CGPA:")
perc = 10*cgpa
print(perc)

A. 75
B. Error
C. 7.57.57.57.57.57.57.57.57.57.5
D. 75.0
```

4.निम्नलिखित प्रोग्राम का आउटपुट क्या है?

```
T = ("1","1" + "1", "1" + "1" + "1", "1" + "1" + "1" + "1")
print(T[2])

A. 1 1 1
B. "3"
C. 3
D. 111
```

5. X को इस तरह के प्रोग्राम में बदलें कि आउटपुट 6 हो।

```
M = {0:0,1:1,2:4, 3:9, 4:16}
M[X] = 9
M[5] = 25
print(len(M))

A. 5
B. 6
C. 7
D. 12
```

बहुविकल्पीय प्रश्नों के उत्तर

1. A: p = q = r

2. D: end = '#'

3 C: 7. 57.57.57.57.57.57.57.57.5

4. D: 111

5. A: 5

प्रैक्टिकल(practical)

1 एक प्रोग्राम लिखें जो तीन क्विजों के अंकों को पढ़ता है और 100 में से कुल आउटपुट देता है।

2. उपयोक्ता(user) से स्ट्रिग(string) पढ़े | एक समुच्चय(set) में इन अक्षरों को अद्वितीय(unique) मान लें। इस सेट के पावरसेट का आकार पता लगाएँ. उदाहरण के लिए, यदि स्ट्रिग(string) "abc" है, तो समुच्चय(set) {a, b, c} है और इसका पावरसेट {{}, {a}, {b}, {c}, {a, b} {a, c}, {b, c}, {a, b, c}} है जिसका आकार 8 है। स्ट्रिग(string) पाइथन के लिए आउटपुट 64 होना चाहिए।

3. एक मानक(standard) डेक से खींचे गए कार्ड की संभाव्यता(probability) को खोजने के लिए एक प्रोग्राम लिखें जो न तो स्पेड होगा और न ही रंगीन कार्ड (जैक, क्वीन, किग) होगा।

4.पांच गुणांकों के एक टपल(tuple) को देखते हुए उदा. (1,2,-3,0,5), x में संबंधित बहुपद(polynomial) लिखें। उदाहरण के लिए, 1x^4 + 2x^3 -3x^2 + 0x + 5.

5. ज्यामितीय श्रेणी (Geometric series) $1 + x + x^2 + x^3 + ... + x^n$ का योग ढूंढें जो x और n के मान देता है।

आगे पढ़ने के लिए गतिशील(dynamic) QR कोड(code)

2. नियंत्रण(control) संरचनाएं (Structures)

यूनिट स्पेशिफिक्स

इस इकाई के माध्यम से हम निम्नलिखित पहलुओं पर चर्चा करते हैं:

◆if, if-else, elif का प्रयोग करते हुए सशर्त संसाधन

◆ पुनरावृति वाक्य *for* और *while*

◆break, continue, pass और else का उपयोग करके नियंत्रण(control) प्रवाह परिवर्तन(alteration)

अनुपात(RATIONALE)

केवल असाइनमेंट स्टेटमेंट ही हमें मनमाने ढंग से प्रोग्राम लिखने में सक्षम नहीं बना सकते। सामान्य-उद्देश्य कोड लिखने के लिए, हमें सीधे-रेखा निष्पादन(execution) पथ को बदलने की आवश्यकता है, साथ ही साथ कुछ कथनों को बार-बार निष्पादित(executed) करने की आवश्यकता है। यह सशर्त कथनों और Loop कंस्ट्रक्ट्स (looping constructs) की ओर ले जाता है, जिसे हम इस इकाई में अध्ययन करते हैं। पाइथन विशिष्ट परिवर्तनों का भी समर्थन करता है, जो हमें वांछित नियंत्रण(control) पैटर्न को व्यवस्थित रूप से निर्दिष्ट करने की अनुमति देता है।

PRE-REQUISITES

यूनिट 1

यूनिट आउटकमर्स(outcomes)

इस यूनिट के परिणामों की सूची इस प्रकार है:

U2-O1:	सशर्त निर्माण इस्तेमाल करें
U2-O2:	Loop कंस्ट्रक्ट का उपयोग करें
U2-O3:	समस्याओं को हल करने के लिए विभिन्न नियंत्रण(control) संरचनाओं को लागू करें

Unit-2 Outcomes	EXPECTED MAPPING WITH COURSE OUTCOMES (1- Weak Correlation; 2- Medium correlation; 3- Strong Correlation)					
	CO-1	CO-2	CO-3	CO-4	CO-5	CO-6
U2-O1	3	3	3	-	3	1
U2-O2	1	1	2	2	1	-
U2-O3	2	1	3	1	2	1

2.1 शर्तें(conditionals)

दो करोड़पतियों पर गौर कीजिए: आप और आपका दोस्त। आप यह पहचानना चाहते हैं कि कौन अमीर है। आप क्या करते हैं? जबकि यह पता लगाने के कई तरीके हैं, एक सीधा तरीका यह है कि आप अपने दोस्त से पूछें कि उसकी संपत्ति कितनी है। आप इसकी तुलना अपनी संपत्ति से करते हैं और जवाब ढूँढते हैं।

यदि हमें इसे एक एल्गोरिथ्म (जिसे स्यूडोकोड(pseudocode) कहा जाता है) के चरणों के रूप में लिखना है, तो हम पाइथन टिप्पणी का उपयोग करके ऐसा कर सकते हैं:

```
1. # ask your friend for the amount of property owned
2. # friend's property = read / listen from the friend
3. # my property = ....
4. # if my property > friend's property then
5. #     I am richer
6. # otherwise
7. #     Nevermind, I am not richer than my friend
```

ध्यान दीजिए कि हालात के हिसाब से नतीजे कैसे अलग-अलग हो सकते हैं। इस प्रकार, लाइन 4 पर सशर्त जांच यह तय करती है कि लाइन 5 पहुंच गई है या लाइन 7। यह भी ध्यान दें कि दोनों में से केवल एक ही संभव है।

उपर्युक्त स्यूडोकोड(pseudocode)अनिवार्य रूप से दो संख्याओं में से बड़ी संख्या की गणना कर रहा है, जो दो संपत्ति मूल्यांकन, दो अंक, दो आयु, दो बार(times), या यहां तक कि दो गति भी हो सकती है। हम चाहे जो भी तुलना करें, प्रोग्राम पैटर्न वही रहता है। पायथन हमें इस तरह के कोड(code) को लिखने की अनुमति देता है।

```
1 friendProperty = int(input('What is your property in millions?'))
2 myProperty = 10
3 if myProperty > friendProperty:
4     print('I am richer.')
5 else:
6     print('Nevermind, I am not richer than you.')
```

लाइनें 3-6 एक if-else स्टेटमेंट के वाक्यविन्यास (Syntax) को प्रस्तुत करती हैं। यह शर्त MyProperty > friendProperty का मूल्यांकन करता है। दर्ज किए गए मूल्य(value) के आधार पर, यह स्थिति सही या गलत का मूल्यांकन कर सकती है। यदि स्थिति सही है, तो लाइन 4 को निष्पादित(executed) किया जाता है। अगर वह.

शर्त(condition) गलत है, तो लाइन 6 निष्पादित(executed) हो जाता है। इस प्रकार, उपरोक्त कार्यक्रम के निम्नलिखित दो निष्पादन(execution) बयानों के सशर्त निष्पादन(execution) को प्रकट करते हैं।

What is your property in millions? 2 I am richer.	What is your property in millions? 15 Nevermind, I am not richer than you.

इस प्रकार, जब प्रोग्राम इनपुट 2 के साथ निष्पादित(executed) होता है, तो वह सही करने के लिए 10> 2 की स्थिति का मूल्यांकन करता है और इसलिए, लाइन 4 को निष्पादित(executed) करता है। अनुबंध में, इनपुट 15 के साथ, प्रोग्राम 10> 15 से गलत की स्थिति का मूल्यांकन करता है और इसलिए, लाइन 6 को निष्पादित(executed) करता है।

वाक्यात्मक रूप से, निम्नलिखित मुद्दों पर ध्यान दिया जाना चाहिए।

1 if कथन की शर्त एक बृहदान्त्र(colon) (:) के साथ समाप्त होती है।

2. else खंड एक और बृहदान्त्र(colon) (:) के साथ समाप्त होना चाहिए।

3. else खंड वैकल्पिक है। इस प्रकार, लाइन 5 और 6 को Program में उपस्थित होने की आवश्यकता नहीं है और यह अभी भी एक वाक्यविन्यास (Syntax) रूप से वैध कार्यक्रम है।

4. if ब्लॉक और else ब्लॉक में एक या अधिक लाइनें हो सकती हैं। उदाहरण के लिए, लाइन 4 if-block बनाता है, जबकि लाइन 6 उपरोक्त कार्यक्रम में else-block बनाता है।

5. If-else के इंडेंटेशन की तुलना में If और else ब्लॉक को इंडेंट किया जाना चाहिए।

उदाहरणः Matching blood group.

हम कहते हैं कि उपयोगकर्ता दो रक्त समूहों में प्रवेश करता है और हम यह पता लगाने के लिए एक program लिखना चाहते हैं कि क्या दो रक्त समूह मेल खाते हैं। जबकि वास्तविकता में, अधिक मिलान संभव(possible) हैं (जैसे, A+ AB+ को रक्त दान कर सकता है), हमारे कार्यक्रम में, हम कहेंगे कि एक रक्त समूह केवल अपने आप से मेल खाता है। इस तरह के कार्यक्रम के उदाहरण नीचे दिए गए हैं।

Enter the two blood groups: A+ A+ The two blood groups match.	Enter the two blood groups: A+ B- It is a mismatch.

```
1 bg1,bg2 = input("Enter the two blood groups:").split()
2 if bg1 == bg2:
3     print("The two blood groups match.")
4 else:
5     print("It is a mismatch.")
```

हम *split()* function का प्रयोग रिक्त स्थानों द्वारा अलग किए गए दो रक्त समूहों को पढ़ने के लिए करते हैं और उन्हें एक ही असाइनमेंट स्टेटमेंट (line 1) में दो चरों को असाइन करते हैं। फिर हम जांच करते हैं कि प्रवेश किए गए दो रक्त समूह समान(equal) हैं या नहीं। यह समानता की जांच के लिए == ऑपरेटर का उपयोग करके किया जाता है। यदि दो रक्त समूह समान(equal) हैं, तो स्थिति का मूल्यांकन सही करने के लिए किया जाता है, जिससे लाइन 3 निष्पादन(execution) होता है। अन्यथा, लाइन 5 निष्पादित(executed) किया जाता है।

निम्नलिखित तालिका पाइथन में उपलब्ध विभिन्न तुलना(comparison) ऑपरेटरों को दिखाती है।

Op	Meaning	Usage
<	Less than	if a < b: print('a is smaller')
>	Greater than	if a > b: print('a is larger')
<=	Less than or equal to	if a <= b: print('a is less than or equal to b')
>=	Greater than or equal to	if a >= b: print('a is greater than or equal to b')
==	Equal to	if a == b: print('a and b are equal')

उपर्युक्त तालिका यह भी दर्शाती है कि अन्य खंड वैकल्पिक है।

उदाहरणः अपने विभाग कंप्यूटरसाइंस (CS) से छात्र खोजें|

बता दें कि आप कंप्यूटरसाइंस (CS) विभाग में रोल नंबर के साथ CS23B001 में हैं। एक छात्र के रोल नंबर का उपयोग करके, आपको यह पता लगाने में सक्षम होना चाहिए कि छात्र सीएस (CS) से है या नहीं। इसे इस तरह से काम करना चाहिए।

Your roll number: CS23B010 Hi Bro!	Your roll number: ME23B111 Excuse me?
Your roll number: CH23B002 Excuse me?	Your roll number: BS23B002 Excuse me?

चलो इसके लिए Program लिखते हैं। इनपुट एक स्ट्रिंग(string) है जो रोल नंबर को धारण करता है। हमें पहले दो अक्षरों (कैसे?) को निकालने की आवश्यकता है और जांच करें कि वे C और S हैं या नहीं। यह Nested if-else स्टेटमेंट का उपयोग करके किया जा सकता है।

```
1 rollNum = input("Your roll number:")
2 if rollNum[0] == 'C':
3     if rollNum[1] == 'S':
4         print("Hi Bro!")
5 else:
6     print("Excuse me?")
```

नेस्टिंग के कारण लाइन 4 के लिए अतिरिक्त इंडेंटेशन पर ध्यान दें। यदि पहला अक्षर C है, तो यह लाइन 3 दूसरे अक्षर की जांच करता है, और यदि यह S है, तो यह लाइन 4 को निष्पादित(executed) करता है। इसके अलावा, यह लाइन 6 को निष्पादित(executed) करता है। ऊपर दिए गए चार इनपुट में से, उन इनपुट के साथ इस प्रोग्राम को चलाने की कोशिश करें। किस इनपुट के लिए प्रोग्राम अपेक्षित आउटपुट देता है?

आप देखेंगे कि यह प्रोग्राम CS23B010, ME23B111, BS23B002 के लिए सही आउटपुट देता है, लेकिन CH23B002 के लिए कोई आउटपुट नहीं देता है। क्यों? खैर, क्योंकि हम यह करने के लिए नहीं कहा था। लाइन 5 पर अन्य खंड लाइन 2 पर यदि खंड से मेल खाता है। जहां तक लाइन 3 खंड का संबंध है, इसमें कोई अन्य खंड नहीं है। इसलिए, जब लाइन 3 स्थिति गलत (CH...) है, तो नियंत्रण(control) बिना किसी आउटपुट के Nested -इफ स्टेटमेंट से बाहर आता है। हम इसे कैसे ठीक करें?

```
1 rollNum = input("Your roll number:")
2 if rollNum[0] == 'C':
3     if rollNum[1] == 'S':
4         print("Hi Bro!")
5     else:
6         print("Excuse me?")
```

कोड(code) अभी भी गलत है. किस इनपुट के लिए यह कोई आउटपुट पैदा नहीं करता है?
चार इनपुट में से, प्रोग्राम CS23B010 और CH23B002 के लिए सही आउटपुट का उत्पादन करता है। लेकिन यह ME... और BS... रोल नंबर के लिए कोई उत्पादन नहीं करता है। ऐसा इसलिए है क्योंकि, इंडेंटेशन के कारण, अन्य खंड अब लाइन 3 'if' खंड के अनुरूप है। लाइन 2 के पास कोई अन्य संबंधित नहीं है। तो चलो यह जोडे|

```
1 rollNum = input("Your roll number:")
2 if rollNum[0] == 'C':
3     if rollNum[1] == 'S':
4         print("Hi Bro!")
5     else:
6         print("Excuse me?")
7 else:
8     print("Excuse me?")
```

अब कार्यक्रम सभी इनपुट (input) पर काम करता है। लेकिन ध्यान दें कि लाइन 6 और 8 पर एक डुप्लिकेट प्रोसेसिग है। क्या हम इस दोहराव से बच सकते हैं?

संलग्नक(conjuncts):

यदि हम लाइन 2 और 3 स्थितियों को जोड़ सकते हैं तो दोहराव से बचा जा सकता है। पाइथन हमें और जैसे संयोजक का उपयोग करने की अनुमति देता है and और or।

```
1 rollNum = input("Your roll number:")
2 if rollNum[0] == 'C'and rollNum[1] == 'S':
3     print("Hi Bro!")
4 else:
5     print("Excuse me?")
```

यदि दोनों स्थितियां सही हों तो यह संयोजन if-block को निष्पादित(executed) करता है। अन्यथा, यह else-block को निष्पादित(executed) करता है। पंक्ति 2 को संक्षेप में इस प्रकार भी लिखा जा सकता हैः

```
2. if rollNum[0:2] == 'CS':
```

उदाहरणः अपने विभाग के छात्र को ढूंढें जहां रोल नंबर बड़े या छोटे अक्षरों में हो सकता है।

इस समस्या से निपटने के लिए हमें छोटे-छोटे अक्षरों को भी शामिल करने के लिए अपनी शर्त को बढ़|ने की आवश्यकता है।

```
1 rollNum = input("Your roll number:")
2 if (rollNum[0] == 'C' or rollNum[0] == 'c') and
3             (rollNum[1] == 'S' or rollNum[1] == 's'):
4     print("Hi Bro!")
5 else:
6     print("Excuse me?")
```

इस प्रकार, संयोजक *'or'* का मूल्यांकन सही(True) के लिए किया जाता है यदि किसी एक स्थिति भी का मूल्यांकन सही(True) होता है,अर्थात, यह केवल तब गलत(False) का मूल्यांकन करता है जब सभी शर्तें(conditions) गलत(False) होती हैं।

खंड को संयोजित करने के लिए कोष्ठकों के उपयोग पर ध्यान दें। यह आवश्यक है क्योंकि or को and संयोजक की तुलना में कम प्राथमिकता है। इस प्रकार, कोष्ठकों की अनुपस्थिति में, लाइन 2 का अर्थ होगाः

2. यदि rolNum[0] = 'C' या (rolNum [0] = 'c' और rolNum [1] = 'S') या rolNum [1] = 's':

क्या आप उस इनपुट का पता लगा सकते हैं जिसके लिए यह संशोधित प्रोग्राम गलत परिणाम देगा? कोई भी उपरोक्त प्रोग्राम शर्तों को पुनः व्यवस्थित करके लिख सकता है।

```
1 rollNum = input("Your roll number:")
2 if (rollNum[0] == 'C' and rollNum[1] == 'S') or \
3             (rollNum[0] == 'c' or rollNum[1] == 's'):
4     print("Hi Bro!")
5 else:
6     print("Excuse me?")
```

क्या पिछले दो प्रोग्राम समान हैं? इसका जवाब है नहीं। अंतिम प्रोग्राम रोल संख्या 'CS...' और 'cs...' की अनुमति देता है, लेकिन मिश्रित-केस 'Cs...' या 'cS...' की अनुमति नहीं देता है, जो पहले के प्रोग्राम द्वारा अनुमत है।

यह भी ध्यान दें कि लाइन 2 पर लंबे बयान को लाइन के अंत में एक बैकस्लैश(\) का उपयोग करके कैसे विभाजित किया जाता है। बैकस्लैश(\) के बिना, प्रोग्राम एक वाक्यविन्यास त्रुटि (Syntax Error) प्रदर्शित करता है।

एक और तरीका जिससे उपरोक्त जाँच की जा सकती है वह है स्ट्रिग(string) फ़ंक्शन upper() का प्रयोग करना, जो इसका uppercase संस्करण लौटाता है। निम्नलिखित कार्यक्रम इसे सचित्रित करता है।

```
rollNum = input("Your roll number:")
if rollNum[0:2] == 'CS':
    print("Hi Bro!")
else:
    print("Excuse me?")
```

"क्या यह संभव(possible) है कि" "Excuse me?" को if-block में और "Hi Bro!" को else-block में छापा जाए?" इसमें शर्तों को बदलने की मांग की गई है। पायथन एक शर्त के सत्य-मूल्य को बदलने के लिए कुंजीशब्द(keyword) not प्रदान करता है। इस प्रकार, functions आत्मक रूप से समतुल्य Program होगाः

```
rollNum = input("Your roll number:")
if not (rollNum[0:2].upper() == 'CS'):
    print("Excuse me?")  #note the exchange of print()
else:
    print("Hi Bro!")
```

जब प्रोग्राम निष्पादन(execution) पता चलता है कि rolNum[0] 'C' नहीं है, तो क्या यह जाँचने की जरूरत है कि rolNum[1] 'S' है या नहीं? इसकी आवश्यकता नहीं है, क्योंकि स्थिति का सत्य मूल्य(value) वैसे भी गलत होने जा रहा है। स्थितियों के मूल्यांकन के इस तरीके को शॉर्ट-सर्किट (short circuiting) कहा जाता है।

शॉर्ट सर्किट Short-circuiting

शॉर्ट-सर्किटिग में, केवल उतनी ही उप-शर्तों का मूल्यांकन किया जाता है, जितनी पूरी स्थिति के सत्य मूल्य(value) को खोजने के लिए आवश्यक होती है। इससे कुछ उप-शर्तों का मूल्यांकन नहीं किया जा सकता है। इसे हम एक उदाहरण के जरिए स्पष्ट कर रहे हैं। $a = 0$ *and* $(b < 3$ *or* $c <= 5)$। नीचे दी गई तालिका में, एकरूपता इंगित करती है कि संबंधित उप-शर्त का मूल्यांकन किया जाता है। एक खाली सेल इंगित करता है कि उप-शर्त शॉर्ट-सर्किट है और इसलिए, मूल्यांकन नहीं है।

Values	a == 0	b < 3	c <= 5	Truth value
a = 0, b = 3, c = 6				False
a = 0, b = 3, c = 5				True
a = 0, b = 2, c = 5				True
a = 0, b = 2, c = 6				True
a = 1, b = 3, c = 5				False

इस प्रकार, जब a = 0, b = 2, c = 6, उप-शर्त a = 0 का मूल्यांकन किया जाता है और यह सही है। हालांकि, हम यह अनुमान नहीं लगा सकते हैं कि पूरी स्थिति सही है या नहीं, ***and*** संयोजक की उपस्थिति के कारण। इसलिए, हमें मूल्यांकन करना चाहिए (b< 3 *or* c <= 5)। "b<3" "का अर्थ" True "है।" इस स्तर पर, हम कह सकते हैं कि इसलिए, शर्त (b <3 *or* c< = 5) भी सच है- c <= 5 का मूल्यांकन किए बिना। इस प्रकार, अंतिम उप-शर्त शॉर्टसर्किट हो जाती है और इसका मूल्यांकन नहीं किया जाता है। पूरी स्थिति का मूल्यांकन सही होता है।
ध्यान दें कि इस उदाहरण के लिए निम्नलिखित पंक्ति संभव(possible) नहीं है।

a = ..., b = ..., c = ...				False

एक व्यक्ति शायद सोचे कि ऐसी घटना आपको कैसे प्रभावित करती है, क्योंकि यह सिर्फ़ एक अनुकूलन प्रतीत होती है और किसी उत्पादन को प्रभावित नहीं करती। जब उप-स्थितियों के दुष्प्रभाव हो सकते हैं तो उत्पादन प्रभावित होता है। उदाहरण के लिए, यदि a, b, c प्रतिस्थापित कर रहे हैं
फ़ंक्शन कॉल के साथ, और प्रत्येक फ़ंक्शन के पास एक *print()* कथन होता है, तो आउटपुट इस बात पर निर्भर करेगा कि शॉर्ट सर्किट होता है या नहीं।

Future connect: हम दूसरी यूनिट में functions का विस्तार से अध्ययन करेंगे। लेकिन शॉर्ट सर्किट का वर्णन करने के लिए, हम फ़ंक्शन का उपयोग करके एक उदाहरण(example) प्रस्तुत करते हैं।

```
def a():
    print("a")
    return True
def b():
    print("b")
    return True
def c():
    print("c")
    return True

if (a() and b() or c()):
    print("Whole condition is true.")
else:
    print("Whole condition is false.")
```

उपरोक्त प्रोग्राम तीन functions a(), b() और c() को परिभाषित करता है, जो एक संदेश(message) को print करते हैं और True को लौटाते हैं। मुख्य कार्यक्रम लाइन 11 (अब तक के हमारे Programs के समान) से शुरू होता है और स्थिति का मूल्यांकन करता है। Fucntion a() और Fucntion b() का मूल्यांकन करने के बाद, शर्त सही होने की गारंटी है, इसलिए, Fucntion c() निष्पादित(executed) नहीं कियाजाता है। इसलिए, उपर्युक्त कोड(code) का आउटपुट है:

```
a
b
Whole condition is true.
```

C को बिना शॉर्ट सर्किटिग (short-circuiting) के print किया जा सकता था।

क्या इसका मतलब यह है कि शॉर्ट सर्किटिग करना केवल functions का उपयोग करते समय ही उपयोगी है? बिलकुल नहीं। शॉर्ट-सर्किटिग एक अमान्य अभिगम के खिलाफ रक्षा करने के लिए बहुत उपयोगी हो सकता है। उदाहरण(example) के लिए, नीचे दी गई स्थिति को देखें:

```
if index < len(mystring) and mystring[index] == 'x':
```

शॉर्ट-सर्किट के साथ, यदि सूचकांक स्ट्रिंग(string) से परे है, तो पहली उप-शर्त गलत है। इसलिए, दूसरी उप-शर्त का मूल्यांकन नहीं किया जाएगा, आउट-ऑफ-बाउंड एक्सेस से बचने के लिए।

उदाहरण: Lucky cards!

हमारी समझ का विस्तार करने के लिए, चलो भाग्यशाली ताश के खेल को लागू करते हैं। हम जानते हैं कि 52 कार्डों के एक मानक(standard) डेक को चार सूट -क्लब, डायमंड, हार्ट और स्पेड-में समूहीकृत किया गया है, जिनमें से प्रत्येक में 13 कार्ड हैं: Ace, 2, 3, 4, 5, 6, 7, 8, 9, 10, जैक (Jack), क्वीन(Queen) और किग(King)। इनमें से कुछ कार्ड भाग्यशाली माने जाते हैं। हमारा काम कार्ड को इनपुट और आउटपुट के रूप में पढ़ना है कि कार्ड भाग्यशाली है या नहीं।

भाग्यशाली कार्डों का पूर्वनिर्धारित समुच्चय(set) इस प्रकार है:

- Ace of Spade
- Any Heart
- Queen of Diamond
- King of Diamond
- Any 7

संबंधित program में *or* द्वारा अलग की गई शर्तों की सूची होगी, जिसमे प्रत्येक श्रेणी भाग्यशाली कार्डों की एक श्रेणी की देखभाल कर सकती है इस तरह के कार्यक्रम का एक नमूना (Sample) run इस प्रकार हो सकता है।

```
Enter your card: 7 of Heart
Lucky you!

Enter your card: Queen of Spade
Better luck next time.

Enter your card: 8 of Spade
Better luck next time.

Enter your card: Ace of Spade
Lucky you!
```

चलो भाग्यशाली कार्ड के लिए शर्तों का उपयोग करके प्रोग्राम लिखते हैं।

```
1  card, of, suite = input('Enter your card:').split()
2
3  if(suite == 'Spade' and card == 'Ace')        or\
4     (suite == 'Heart')                          or\
5     (suite == 'Diamond' and card == 'Queen')   or\
6     (suite == 'Diamond' and card == 'King')    or\
7     (card == '7'):
8     print('Lucky you!')
9  else:
10    print('Better luck next time.')
```

लाइन 1 तीन शब्दों को अलग करने के लिए *split()* विधि का उपयोग करता है, और तदनुसार, सूट और कार्ड को इसमें खोजने के लिए। तब यह बैकस्लैश (\) द्वारा जूडी कई लाइनों पर विभाजित स्थिति को चलाता है। अगर इनमें से कोई भी शर्त पूरी होती है तो वह लकी कार्ड होता है। ध्यान दें कि पंक्ति 7 को स्ट्रिंग(string) '7' का उपयोग करना चाहिए और पूर्णांक(int) 7 का नहीं।

हम अब अवैध कार्ड के लिए जांच करने के लिए इस प्रोग्राम को बढ़|ना चाहते हैं. इस प्रकार, '7 ऑफ स्पेड' या '7 ऑफ स्पेड' या '7 स्पेड' या '11 ऑफ स्पेड' जैसे इनपुट को अमान्य के रूप में चिह्नित किया जाना चाहिए।

```
card, of, suite = input("Enter your card: ").split()

if (suite != 'Spade' and suite != 'Heart' and \
    suite != 'Club' and suite != 'Diamond') or\
    (card != 'Ace' and card != '2' and card != '3' and card != '4' and \
    card != '5' and card != '6' and card != '7' and card != '8' and \
    card != '10' and card != 'Jack' and card != 'Queen' and card != 'King'):
    print("Invalid card")

    elif (suite == 'Spade' and card == 'Ace') or \
     (suite == 'Heart') or\
     (suite == 'Diamond' and card == 'Queen') or\
     (suite == 'Diamond' and card == 'King') or\
     (card == '7'):
    print("Lucky you!")
else:
    print("Better luck next time.")
```

उपरोक्त कार्यक्रम में, लाइन 1 और लाइन 10-17 पहले की तरह ही रहते हैं, केवल लाइन 10 पर elif के साथ बदलने के अलावा। इसके अलावा हम एक और लंबी स्थिति बनाते हैं यह देखने के लिए कि कार्ड अमान्य है या नहीं। यह कार्ड की जांच करने के लिए सूट (लाइन्स 3 और 4) और उप-शर्तों (लाइन्स 5-7) की जांच करने के लिए उप-शर्तों के साथ किया जाता है। दो उप-शर्तों को एक या शर्त के साथ जोड़ा जाता है (लाइन 4 का अंत, और कोष्ठकों पर ध्यान दें)।

De-Morgan's के नियमों का उपयोग करके इस स्थिति को सरल बनाया जा सकता है। इन नियमों में कहा गया है:

not x ***and not*** y = ***not*** (x ***or*** y)

not x ***or not*** y = ***not*** (x ***and*** y)

इस प्रकार, लाइनों 3-8 के रूप में फिर से लिखा जा सकता है

```
if not (suite != 'Spade' or suite != 'Heart' or \
     suite != 'Club' or suite != 'Diamond') and\
     (card != 'Ace' or card != '2' or card != '3' or card != '4' or \
     card != '5' or card != '6' or card != '7' or card != '8' or \
     card != '10' or card != 'Jack' or card != 'Queen' or card != 'King'):
     print("Invalid card")
```

नियमों के लागू होने पर ध्यान दें। आंतरिक उप-स्थितियों में अब == शामिल हैं, जो समझने में आसान हैं। सूट और कार्ड की शर्तों को ***"and"*** का उपयोग करके जोड़ा जाता है और जबकि सूट की उप-शर्तों को ***"or"*** का उपयोग करके जोड़ा जाता है। यदि बड़ी स्थिति True है, तो इसका मतलब है कि यह एक वैध कार्ड है। इसलिए, अनियमितता की जांच करने के लिए, पूरी स्थिति के लिए ***not*** का उपयोग करने की आवश्यकता होती है (कोष्ठकों पर ध्यान दें)।

2.2 Loops

कुछ Program दोहराने की क्षमता के बिना नहीं लिखे जा सकते। "उदाहरण के लिए," "हैलो वर्ल्ड!" कोई भी आसानी से 100 print() स्टेटमेंट लिख सकता है। हालांकि, अगर मैं अब आप से एक नंबर लेने के लिए एक प्रोग्राम लिखने और Hello World! 'उतनी बार प्रिंट करने के लिए बोलू, तो आप अटक जाओगे !

Loop हमें कोड(code) के एक मनमाने टुकड़े को दोहराने की अनुमति देते हैं, मनमाने ढंग से कई बार। पायथन दो प्रकार के Loop का समर्थन करता है: for और while. जब तक कि दी गई स्थिति सही नहीं हो जाती, तब तक loop कोड(code) के एक अनुक्रम(sequence) के माध्यम से दोहराता है। loop के लिए दिए गए अनुक्रम(sequence) की मदों पर दोहराता है। अब हम दोनों का विस्तार से अध्ययन करेंगे।

while loop

चलिए पहले अपना program लिखते हैं एक संदेश(message) को एक निश्चित उपयोगकर्ता-परिभाषित संख्या(number) बार मुद्रित(print) करने के लिए |

```
1 n = int(input())
2 i = 0
3 while i < n:
4     print("Hello World!")
5
```

Loop की संरचना(structure) की समानता एक 'if' कथन के साथ नोट करें। Loop की बॉडी (इस मामले में, लाइन 4) को तब तक दोहराया जाता है जब तक कि लाइन 3 स्थिति सही नहीं हो जाती है।

यदि आप इनपुट के रूप में 10 प्रविष्ट करते हैं, तो कितने Hello World! हमारे प्रोग्राम print करता है? 9 या 10?

खैर, यह्व एक असीमित संख्या(number) तक् Hello World!' मुद्रण करता है ' क्यों? क्योंकि हमने यह मांग की थी। $i<n$ "की स्थिति सच बनी हुई है, क्योंकि i का मान लूप में कभी नहीं बदलता। अपेक्षित परिणाम प्राप्त करने के लिए, हमें i की वृद्धि करने की आवश्यकता है।

```
n = int(input())
i = 0
while i < n:
    print("Hello World!")
    i= i + 1                    # progress
```

याद रखें: एक loop को अपनी समाप्ति की स्थिति की ओर प्रगति करनी चाहिए।

उदाहरण: Find pass percentage of a class.

एक शिक्षक छात्रों के अंकों में प्रवेश कर रहा है। एक छात्र एक कोर्स पास करता है यदि अंक कम से कम 40 (100 में से) हैं। अध्यापक यह जानना चाहता है कि कितने छात्र उत्तीर्ण हुए हैं।

पास(pass) प्रतिशत खोजने के लिए, हमें पाठ्यक्रम पास(pass) करने वाले छात्रों की संख्या(number) P और कक्षा में छात्रों की कुल संख्या(number) N की आवश्यकता है। तब आउटपुट P* 100/N होता है। P को खोजने के लिए हमें सभी अंकों से गुजरना पड़ता है। आप N कैसे पाते हैं?

दो रास्ते हैं। एक, हम शिक्षक से हमारे कार्यक्रम की शुरुआत में N दर्ज करने के लिए कहते हैं। दूसरा, हम इसे एक विशेष एण्ड-ऑफ-क्लास मार्कर (जैसे, -1 for marks) के आधार पर व्युत्पन्न करते हैं। चलो प्रोग्राम को दोनों तरह से लिखते हैं।

```
1  n = int(input("Number of students: "))
2  i = 0
3  pass = 0
4
5  whilei < n:
6      marks = int(input("Enter marks:"))
7
8      if marks >= 40:
9          pass = pass + 1
10     i = i + 1
11
12 print(pass*100/n,'% passed')
```

ध्यान दीजिए कि हमने 4, 7 और 10 पंक्तियों को कैसे जोडा, जो कोड(code) को व्यवस्थित और अक्सर समझने में आसान बनाता है। लाइन 13 पर split -दर-शून्य त्रुटि(error) की जांच करने के लिए कोड(code) को बड़ाया जा सकता है।

अच्छा प्रोग्रामिग प्रचलनः कोड(code) की पठनीयता सुधारने के लिए खाली पंक्तियाँ जोडे | एक विशिष्ट परंपरा नियंत्रण(control) निर्माण (और function) से पहले और बाद में, विशेष रूप से बडे कार्यक्रमों के लिए एक खाली रेखा(line) होती है।

अब इसे क्लास के अंत के मार्कर से लिखते हैं। मान लें कि अंक हमेशा गैर-ऋणात्मक होते हैं (शिक्षक द्वारा कोई ऋणात्मक अंकन नहीं), हम एक विशेष मार्कर के रूप में-1 का उपयोग कर सकते हैं। जैसे ही वह संख्या(number) दर्ज की जाती है, हमारा प्रोग्राम जान सकता है कि सभी छात्रों के अंक दर्ज किए गए हैं और अब हम प्रतिशत की गणना कर सकते हैं।

इस तरह के कार्यक्रम का एक नमूना निष्पादन(execution) इस प्रकार होगा।

```
Enter marks: 5
Enter marks: 10
Enter marks: 50
Enter marks: 32
Enter marks: 23
Enter marks: 40
Enter marks: 89
Enter marks: 100
Enter marks: 99
Enter marks: 89
Enter marks: -1
60.0 % passed
```

N के रूप में गैर-ऋणात्मक इनपुट की संख्या(number) की गणना करके आउटपुट की गणना की गई थी। संबंधित कार्यक्रम इस प्रकार है।

```
1  n = 0
2  passed = 0
3
4  marks = int(input("Enter marks:"))
5  while marks > = 0:
6      if marks >= 40:
7          passed = passed + 1
8
9      n = n+1
10     marks = int(input("Enter marks:"))
11
12 print(pass*100/n,'% passed')
```

ध्यान दें कि लाइन 5 पर स्थिति कैसे बदल गई। यह अब दर्ज किए गए अंकों पर आधारित है। छात्रों की गिनती लाइन 9 पर की जाती है। यह भी ध्यान दें कि इसी कथन का उपयोग लाइन्स 3 और 10 में भी किया गया है। आप पाएंगे कि यह एक पुनरावर्ती पैटर्न है।

दोहराव से बचने के लिए कोई भी चालों का उपयोग कर सकता है। उदाहरण के लिए, n को -1 पर प्रारंभ करके, 0 को चिह्नित करके, और Loop के बाहर *input()* कथन को हटाकर। यह कोड(code) कार्यात्मक रूप से उपर्युक्त कोड(code) के बराबर होगा। लेकिन यह सुनिश्चित करना महत्वपूर्ण है कि कोड(code) पढ़ने योग्य है।

उदाहरणः Print Fibonacci sequence.

फिबोनैकी अनुक्रम(fibonacci sequence) को इस प्रकार परिभाषित किया गया है।

fib(0) = 0, fib(1) = 1

Fib(n) = Fib(n - 1) + Fib(n - 2)

यदि हम Fib function का विस्तार करते हैं, तो हमें 0,1,1,2,3,5,8,13,21,34 के रूप में अनुक्रम(sequence) मिलता है, चूंकि यह अंतहीन है, हम निर्दिष्ट कर सकते हैं कि आप कितने शब्दों को प्रिंट करना चाहते हैं, अर्थात्, n का मान।

Future connect: फिबोनैकी अनुक्रम (fibonacci sequence)पुनरावृत्ति का एक उत्कृष्ट उदाहरण(example) है। जबकि फिबोनैकी(fibonacci) (fibonacci) (fibonacci) संख्याओं की गणित में मजबूत उपस्थिति है, कुछ प्राकृतिक घटनाएं भी फिबोनैकी(fibonacci) संख्याओं का अनुसरण करती हैं उदाहरण(example) के लिए, पेड़ओ में शाखाएं कैसे निकलती हैं या कुछ फूलों की पंखुड़ियों को कैसे व्यवस्थित किया जाता है।

क्या हम इस अनुक्रम(sequence) को प्रिंट करने के लिए Loop का उपयोग कर सकते हैं? हम इस तरह से शुरू कर सकते हैं (एक स्यूडोकोड(pseudocode) के रूप में)।

```
n = int(input())
first number = 0
second number = 1

while n > 0:
    print the first number
    Shall I print the second number?
    sum = first number + second number
    What happensin the second iteration?
    n = n - 1
```

इन मुद्दों को इस प्रकार हल किया जाना चाहिए।

◆हमें प्रति पुनरावृत्ति केवल एक संख्या(number) मुद्रित(print) करनी चाहिए।

◆किसी भी तरह, पहली संख्या(number) को अगले पुनरावृत्ति में मुद्रित(print) होने वाले अगले मूल्य(value) को लेना चाहिए।

◆अन्य दो चर (दूसरी संख्या(number) और योग) की गणना की जानी चाहिए लेकिन वर्तमान पुनरावृत्ति में मुद्रित(print) नहीं किया जाना चाहिए।

अनिवार्य रूप से, फिबोनैकी अनुक्रम (fibonacci sequence) को तीन चरों के माध्यम से स्लाइड करना चाहिए।

प्रथम संख्या(number)	दूसरी संख्या(number)	राशि
0	1	1
1	1	2
1	2	3
2	3	5
3	5	8
5	8	13
.....	.....	.....

इस स्लाइडिग को निम्न के द्वारा क्रियान्वित किया जा सकता है:

◆पहली संख्या(number) के print मूल्य(value) को छोड़ कर,

◆दूसरी संख्या(number) को पहली संख्या(number) में जमा करते हैं, और

◆दूसरी संख्या(number) में राशि का भंडारण।

समग्र कार्यक्रम(program) अब बन जाता है:

```
1  n = int(input())
2  first = 0
3  second = 1
4
5  while n > 0:
6      print(first)
7      sum12 = first + second
8      first = second
9      second = sum12
10     n = n-1
```

Note- 7,8 और 9 के क्रम(order) पर ध्यान दीजिए। इन कथनों को पुनः व्यवस्थित करने से गलत परिणाम(result) निकलेगा। वैसे भी, हम sum12 के बजाय sum का उपयोग कर सकते हैं और कोड(code) काम करेगा। लेकिन चूंकि ***sum()*** पाइथन में एक पूर्व-परिभाषित function है, हम उसी नाम का उपयोग करने से बचना चाहेंगे।

एक ही कोड(code) को संक्षेप में कई-असाइनमेंट फॉर्म का उपयोग करके लिखा जा सकता है, जो sum12 चर से छुटकारा पा लेता है।

```
n = int(input())
first , second = 0, 1

while n > 0:
    print(first)
    first, second = second, first + second
    n = n-1
```

यह समझना महत्वपूर्ण है कि प्रोग्राम को सही ढंग से काम करने के लिए, = के दाहिने हाथ की ओर सभी एक्सप्रेशन का मूल्यांकन बाएं हाथ के चर (variable) को कोई असाइनमेंट होने से पहले किया जाना चाहिए। यह आपको आसानी से दो चर स्वैप करने की अनुमति देता है: x, y = y, x

उदाहरणः कोलाट्ज़ अनुक्रम (Collatz sequence).

गणितज्ञ कोलैट्ज़ ने एक अनुमान लगाया जो अभी तक अप्रमाणित है। उन्होंने कहा, किसी भी सकारात्मक पूर्णांक से शुरू करें। यदि यह even हो, तो इसे आधा कर दें अन्यथा इसे तीन गुना कर दें और एक जोड़ दें। अब इस प्रक्रिया को दोहराएं। यह अनुक्रम(sequence) अंत में 1 तक पहुंच जाएगा। इस अनुमान को 3n+1 समस्या के रूप में भी जाना जाता है। उदाहरण के लिए, इनपुट 7 के लिए, अनुक्रम(sequence) 7,22,11,34,17,52,26,13,40,20,10,5,16,8,4,2,1 हो जाता है। एक इनपुट संख्या देते हुए इस अनुक्रम(sequence) को लागू करते हैं।

```
n = int(input())

while n != 1:
    if n%2 == 1:
        n = 3*n + 1
    else:
        n = n//2
    print(n)

    print("How do I always get printed?")
```

for Loop

Loop एक आदेशित अनुक्रम(sequence) के साथ काम करते हैं, जिसमें Loop चर(variable) विभिन्न पुनरावृत्तियों में बाएं से दाएं अनुक्रम(sequence) में प्रत्येक तत्व(element) का मान लेता है। उदाहरण के लिए, Loop के लिए एक के सरल रूप(form) का उपयोग 0 से 9 तक की संख्या को प्रिट करने के लिए किया जा सकता है।

```
for i in range(10):
    print(i)
```

उपरोक्त प्रोग्राम में, *i* Loop चर(variable) है, जो ***range()*** function द्वारा लौटाए गए अनुक्रम(sequence) को पार करता है। function का उपयोग छलांग तरीके से अनुक्रम(sequence) के माध्यम से step रखने के लिए भी किया जा सकता है। उदाहरण के लिए, निम्नलिखित कोड(code) पर गोर करें।

```
for  i in range(10, 20, 3):
    print(i)
```

```
10
13
16
19
```

एक ही कोड(code) को समान रूप(form) से एक while Loop का उपयोग करके इस प्रकार लिखा जा सकता है।

```
i = 10
while i < 20:
    print(i)
    i = i+3
```

while Loop के विपरीत for Loop एक परिमित (finite) अनुक्रम(sequence) के माध्यम से पुनरावृत्ति करता है, हमें अक्सर समाप्ति की स्थिति के बारे में चिता करने की आवश्यकता नहीं है।

उदाहरणः दिए गए अनुक्रम(sequence) से ऋणात्मक संख्याओं को छापें.

हम दिए गए अनुक्रम(sequence) पर जाने के लिए Loop के लिए एक का उपयोग कर सकते हैं और यदि यह ऋणात्मक है तो संख्या(number) को प्रिंट कर सकते हैं।

```
numbers = [65, 32, -3, 32, 43, 32, -22, 2, -5, -7, 0, -9]
for n in numbers:
    if n < 0:
        print(n)
```

उदाहरणः सबसे लंबे नाम के साथ महाद्वीप खोजें.

हम महाद्वीपों को एक सूची में संग्रहीत कर सकते हैं और Loop के लिए एक का उपयोग करके उनके माध्यम से पुनरावृत्ति कर सकते हैं। स्ट्रिंग(string) की लंबाई(length) खोजने के लिए, हम len() function का उपयोग कर सकते हैं। अधिकतम लंबाई(length) खोजने के लिए एक अधिकतम चर(variable) बनाए रखने की आवश्यकता होती है। हालांकि, महाद्वीप को अधिकतम लंबाई(length) के साथ प्रिंट करने के लिए, हमें इसे maxcount चर (variable) में भी स्टोर करने की आवश्यकता है-जब भी हम maxcount को अपडेट करते हैं। संबंधित कोड(code) नीचे दिया गया है।

```
continents = ['Africa', 'Antartica', 'Asia', 'Australia', 'Europe',
              'North America', 'South America']
maxlen = 0   # this initialization is important

for cont in continents:
    if maxlen < len(cont):
        maxlen =  len(cont)
        maxcont = cont

print(maxcont)
```

चूंकि इस सवाल के दो जवाब हैं, सोचो कि हमारा कोड(code) आउटपुट क्या होगा। यदि हम चाहते हैं कि दूसरा उत्तर(answer) आउटपुट हो, तो आप कोड(code) में क्या छोटा परिवर्तन करेंगे?

उदाहरणः जाँच लें कि क्या दिया गया संख्या(number) अभाज्य(prime) है. यह संख्या(number) 2 से बड़ी है।

हम एक सरल एल्गोरिथ्म (algorithm) का उपयोग करेंगे जो दिए गए संख्या(number) n की विभाज्यता को 2 से n के वर्गमूल के साथ चेक करता है। sqrt(), math नामक मॉड्यूल(module) में परिभाषित वर्गमूल को ढूंढने का एक function है। इसके लिए, हमें पायथन इंटरप्रेटर को बताना होगा कि हम इस मॉड्यूल(module) का उपयोग करना चाहते हैं। यह import statement (विवरण) का उपयोग करके किया जाता है।

```
1  import math
2
3  n = int(input())
4
5  for i in range(2, 1 + int(math.sqrt(n))):     # note  1  + ....
6      if n % i == 0:                            # if i divides n
7          print("Composite")
8          sys.exit()
9
10 print("Prime")
```

उपर्युक्त प्रोग्राम 2 से बड़ी संख्या(number) के लिए काम करता है। पंक्ति 1 math और sys मॉड्यूल(module)आयात करता है. पहला ***sqrt()*** function (line 5) के लिए है, जबकि दूसरा ***exit()*** function (line 8) के लिए है, जो प्रोग्राम को समाप्त करता है। Loop 2 से sqrt(n) तक सभी पूर्णांकों पर जाता है और यदि उनमें से कोई n (line 6) को विभाजित करता है, तो संख्या(number) अभाज्य नहीं है। अगर हम लाइन 8 पर टिप्पणी करें तो क्या होगा?

Future connect: हम बाद की यूनिट में मॉड्यूल(module) के बारे में जानेंगे। एक मॉड्यूल(module) को एक विशिष्ट डोमेन से संबंधित उपयोगी functions का एक पुस्तकालय(library) माना जाता है।

उपर्युक्त प्रोग्राम में, केवल 2 एक सम(even) भाजक है जिसकी जाँच करने की आवश्यकता है, लेकिन हम अनावश्यक रूप से 4,6,8 के विरुद्ध जाँच कर रहे हैं,...

```
import math

n = int(input())

if n%2 == 0:
    print("Composite")
    sys.exit()

for i in range(3, 1 + int(math.sqrt(n)), 2):
    if n % i == 0:           # if i divides n
        print("Composite")
        sys.exit()

print("Prime")
```

Nested Loop और Loop परिवर्धक (Modifiers)

Loop Nested किया जा सकता है, यानी, एक Loop दूसरे के अंदर हो सकता है। हम 3 से 100 तक की सभी अभाज्य(prime) संख्याओं को खोजना चाहते हैं. हम उपर्युक्त प्रोग्राम को, जो एक संख्या(number) के लिए काम करता है, कई संख्याओं के लिए काम करने के लिए कैसे संशोधित कर सकते हैं?

```
1 import math
2
3 for n in range(3, 100+1):
4     print(n)
5      # code from the above program (Line 5-14)
```

दुर्भाग्य से, उपर्युक्त कोड(code) के आउटपुट में केवल दो संख्याएं होती हैं।

```
3
Prime
4
Composite
```

ऐसा इसलिए होता है क्योंकि हमारे पास समग्र (Composite) को प्रिंट करने के बाद *sys.exit()* है। कार्यक्रम से बाहर निकलना एक संख्या(number) के लिए ठीक था, लेकिन संख्याओं के अनुक्रम(sequence) के लिए नहीं। आदर्श रूप से, हम चाहते हैं कि यह पता लगाने के बाद कि एक संख्या(number) समग्र(composite) है, हमें प्राइम को प्रिंट नहीं करना चाहिए, लेकिन फिर भी प्राइम की जांच के लिए अगली संख्या(number) में जाना चाहिए।

पायथन इस तरह के नियंत्रण(control) प्रवाह को सक्षम करने के लिए Loop संशोधक प्रदान करता है। कीवर्ड break वर्तमान में संलग्न निकटतम(nearest) Loop से नियंत्रण(control) को बाहर लाता है, जबकि कीवर्ड continue रखता है शेष पुनरावृत्ति(iteration) छोड़ देता है और अगले पर चला जाता है। पूरा कार्यक्रम अब इस प्रकार होगा।

```
1  import math
2
3  for n in range(3, 100+1):
4      print(n)
5
6      if n % 2 == 0:
7          print("Composite")
8          continue                        # go to the next number
9      for i in range(3, 1 + int(math.sqrt(n)), 2):
10         if n % i == 0:
11             print("Composite")
12             break                       # come out of the Loop at Line 10
13
14     print("Prime")
```

जब लाइन 7 को पता चलता है कि एक संख्या(number) सम है, तो लाइन 8 लाइन 3 निर्दिष्ट सीमा में अगली संख्या(number) पर वापस जाता है, लाइन 9-15 को छोड़ रहा है। इसी तरह, लाइन 12 पर एक नंबर समग्र (Composite) खोजने के बाद, लाइन 13, लाइन 10 पर Loop से बाहर, लाइन 14 पर नियंत्रण(control) लाता है। ध्यान दें कि लाइन 13 दो Loops (लाइन 3, लाइन 10) में संलग्न है, लेकिन यह वर्तमान में संलग्न निकटतम(nearest)

Loop , यानी लाइन 10 के Loop से बाहर आता है। प्रोग्राम अब 3 से100 तक की सभी संख्याओं को प्रिंट करता है, और अधिकांश आउटपुट सही होते हैं, लेकिन कुछ गलत होते हैं। उदाहरण के लिए, प्रारंभिक(initial) कुछ पंक्तियां इस प्रकार हैं:

3
Prime
4
Composite
5
Prime
6
Composite
7
Prime
8
Composite
9
Composite
Prime
10
Composite
…..

संख्या(number) 9 के लिए आउटपुट पर ध्यान दें। हमारा कोड(code) समग्र(composite) और अभाज्य(prime) दोनों को प्रिंट करता है। ऐसा क्यों होता है? ऐसा इसलिए है क्योंकि लाइन 13 पर ब्रेक, लाइन 14 पर नियंत्रण(control) लाता है। इसके बाद 15 वें संस्करण का प्रकाशन शुरू हुआ।

हम इसे कैसे ठीक कर सकते हैं? हम इस बात पर नजर रख सकते हैं कि समग्र (Composite) छपा था या नहीं। अगर ऐसा था, तो हमें अभाज्य(prime) को छापने की जरूरत नहीं है। संशोधित कोड(code) इस तरह दिखता है।

```python
import math

for n in range(3, 100+1):
    print(n, '', end ='')

    if n%2 == 0:
        print("Composite")
        continue                           # go to next number

    composite = False

    for i in range(3, 1 + int(math.sqrt(n)), 2):
        if n% i == 0:                      # if i divides n
            print("Composite")
            composite = True
            break
    if composite == False:                 # number is not composite
        print("Prime")
```

उपर्युक्त कोड(code) अच्छा काम करता है और अपेक्षित परिणाम उत्पन्न करता है।

Future connect: कार्यक्षमता के इस तरह के पुनः उपयोग (एक संख्या की Primality की जांच) को functions का उपयोग करके अच्छी तरह से एनकोड (Encode) किया जा सकता है। हम तब एक Loop में इस तरह के function को कॉल कर सकते हैं।

Python ***composite*** चर(variable) का उपयोग करके function आन्वित कार्यक्षमता का समर्थन करने के लिए एक विशेष निर्माण प्रदान करता है। यह एक Loop (***for and while***) का अन्य खंड है।

```python
1  import math
2
3  for n in range(3, 100+1):
4      print(n, '', end ='')
5
6      if n%2 == 0:
7          print("Composite")
8          continue
9
10     composite = False
11
12     for i in range(3, 1 + int(math.sqrt(n)), 2):
13         if n% i == 0:                  # if i divides n
14             print("Composite")
15             composite = True
16             break
17     else:               # else corresponding to for
18         print("Prime")
```

लाइन 14 पर अन्य खंड के इंडेंटेशन पर ध्यान दें। यह लाइन 10 पर Loop के लिए अनुरूप है (और लाइन 11 पर अगर बयान के लिए नहीं)। यदि Loop संख्याओं के अनुक्रम(sequence) में सभी तत्वों को समाप्त कर देता है (या जब स्थिति

गलत हो जाती है), तो अन्य खंड निष्पादित(executed) किया जाता है, लेकिन यदि Loop ब्रेक से समाप्त हो जाता है तो निष्पादित(executed) नहीं होता है। इस खंड को बेहतर ढंग से समझने के लिए, आइए नीचे दिए गए सरल उदाहरण को देखें।

```
for i in range(1, 10):
    print(i)
else:
    print("End:", i)

i = 1
while i < 10:
    print(i)
    i= i+1
else:
    print("End:", i)
```

क्या आप प्रोग्राम का विश्लेषण कर सकते हैं और उपरोक्त कोड के आउटपुट का पता लगा सकते हैं? यह नीचे दी गई है।

```
1
2
3
4
5
6
7
8
9
End: 9
1
2
3
4
5
6
7
8
9
End: 10
```

ध्यान दें कि जब Loop (while loop) चर (variable) को 10 तक बढ|ता है, जबकि Loop के लिए उसका मान अंत में 9 तक बरकरार रहता है।

विराम(break) और जारी(continue) रखने के उपयोग को समझने के लिए, आइए निम्नलिखित उदाहरण पर विचार करते हैं।

उदाहरणः दी गई सूची में, सभी धनात्मक(positive) संख्याओं को छापें, लेकिन जैसे ही 0 पहुँचे रुकें.

उदाहरण के लिए, यदि इनपुट सूची [-4, 2, 54, 21, -32, 3, 6, 3, 1, , 0, -5, 321] है, तो आउटपुट को मान 2, 54, 21, 3, 6, 3, 1 को मुद्रित(print) करना चाहिए। इसे 321 प्रिंट नहीं करना चाहिए। Program इस प्रकार है।

```
numbers  = [-4, 2, 54, 21, -32, 3, 6, 1, 0, -5, 321]

for n in numbers:
    if n==0:      # 0 is seen, come out of the loop
        break

    if n < 0:
        continue
    print(n)    # do not print the negative numbers
```

पायथन एक *pass* स्टेटमेंट का भी समर्थन करता है, जिसका उपयोग तब किया जा सकता है जब कोई प्रसंस्करण की आवश्यकता न हो।

उदाहरण के लिए, एक प्रोग्राम पर विचार करें जहां हम एक सूची में सकारात्मक पूर्णांकों का योग खोजना चाहते हैं जिसमें ऋणात्मक संख्याएं भी हो सकती हैं।

```
numbers  = [-4, 2, 54, 21, -32, 3, 6, 1, 0, -5, 321]
sumn = 0

for n in numbers:
    if n < 0:
        pass
    else:
        sumn = sumn + n
print(sumn)
```

बेशक, कार्यक्रम को *pass* की आवश्यकता नहीं होने के लिए संशोधित किया जा सकता है। लेकिन कभी-कभी, यह पठनीयता उद्देश्यों के लिए उपयोगी हो सकता है।

उदाहरणः माह में जन्मदिन ढूंढें.

मान लीजिए, आपके दोस्त हैं जिनके जन्मदिन DD/MM/YY प्रारूप में लिखे होते हैं। आप यह पता लगाना चाहते हैं कि अगस्त के महीने में किसका जन्मदिन है। जन्मदिन को स्टोर करने के लिए, हम कुंजी-मूल्य (Key-Value) pair का उपयोग कर सकते हैं, जहां नाम कुंजी(key) है और मान(value) जन्म तिथि है। हम तारीख के MM भाग को निकालने के लिए स्ट्रिंग(string) इंडेक्स रेंज का उपयोग करेंगे।

```
1  birthdays = {'Amit':'01/07/00', 'Karan':'02/08/99', 'Joel':'28/07/01',
2              'Sunita':'15/06/99', 'Shyam':'10/08/00', 'Sudhira':'29/02/00'}
3
4  for name,bday in birthdays.items():
5      if bday[3:5] == '08':  # August
6          print(name)
7
```

यह कार्यक्रम नामों और जन्मदिन को एक शब्दकोश(dictionary) (lines 1 और 2) में संग्रहीत करता है। यह तब ***items()*** function (line 4) का उपयोग करके कुंजी(key)-मान (value) pair के माध्यम से दोहराता है। यह जाँचता है कि यह आठवाँ महीना है या नहीं, और यदि ऐसा है, तो मित्र का नाम छापते हैं।

उदाहरणः क्या आपके पास सही बदलाव है?

आपको तीन मूल्यवर्ग के नोटों की अनंत(infinite) आपूर्ति दी जाती है (मसलन, 10 रुपये, 20 रुपये और 50 रुपये के नोट)। एक कीमत को देखते हुए, क्या आप पहचान सकते हैं कि क्या आपके पास उस कीमत तक सही परिवर्तन है? उदाहरण के लिए, इन तीन प्रकार के नोटों का उपयोग करके, हम 10,20,30,40,50,60,70 रुपये आदि का भुगतान कर सकते हैं, लेकिन हम 55 रुपये का भुगतान नहीं कर सकते हैं। यह भी संभव(possible) है कि नोटों के कई संयोजनों का उपयोग करके एक ही कीमत का निर्माण किया जा सकता है। उदाहरण के लिए, 50 रुपये का निर्माण 10 रुपये के तीन नोट और 20 रुपये के एक नोट से या सीधे 50 रुपये के एक नोट से किया जा सकता है। हम सभी संभावित संयोजनों को print कर सकते हैं। निम्नलिखित नमूने के इनपुट और आउटपुट पर विचार करें।

Input	Output
55 10 20 50	No
18 7 11 13	1 1 0
550 10 20 100	1 2 5 1 7 4 1 12 3 ...

इसे प्राप्त करने का एक सरल तरीका है notes की विभिन्न संख्याओं पर एक ट्रिपल-Nested Loop रखना, और फिर नोट्स के हर संयोजन की जांच करना। लेकिन चूंकि आपके पास अनंत(infinite) संख्या(number) में notes हैं (जहां तक इस उदाहरण(example) का संबंध है), व्यक्तिगत Loop को कब समाप्त करना चाहिए? इनपुट कीमत ऊपरी सीमा निर्धारित करने में मदद कर सकती है। पूरा कार्यक्रम इस प्रकार है।

```
1  price = int(input("Price:"))
2  deno1, deno2, deno3 = map(int,input("Denominations:").split())
3
4  print("Can you form",price, "exactly using", deno1,deno2,deno3, "?")
5
6  for d1 in range(0, 1 + price//deno1):
7      for d2 in range(0, 1 + price//deno2):
8          for d3 in range(0, 1 + price//deno3):
9              if d1*deno1+d2*deno2+d3*deno3 == price:
10                 print(d1, d2, d3)
11 else:
12     print("No")
```

लाइन 2 तीन क्षेत्रों स्ट्रिंग(string) प्राप्त करने के लिए ***split()*** function का उपयोग करता है। उन पूर्णांकों को मैप करने के लिए, हम ***map()*** function का उपयोग कर सकते हैं। लाइनें 6-8 एक ट्रिपल-Nested Loop चलाती हैं जो तीन मूल्यवर्गों के सभी संभावित संयोजनों की जांच करती हैं, कीमत से ऊपरी बाउंडिग। उदाहरण(example) के लिए अगर कीमत 550 रुपये है तो 100 रुपये से अधिक के पांच नोटों का इस्तेमाल करने का कोई मतलब नहीं है। यदि ऐसा सटीक संयोजन पाया जाता है, तो हम इसे लाइन 10 पर प्रिंट करते हैं। यदि ऐसा कोई संयोजन मौजूद नहीं है, तो हम लाइन 12 पर No print करते हैं (लाइन 11 बाहरी *for* Loop के लिए एक else block है)।

संक्षेप (Unit Summary)

हमने पायथन में विभिन्न बुनियादी नियंत्रण(control) निर्माण जैसे conditionals और Loops का पता लगाया। हमने उन निर्माणों का उपयोग करके विभिन्न समस्याओं को हल किया। हमने विभिन्न Loop संशोधकों को भी देखा जो विशेष नियंत्रण(control) प्रवाह की अनुमति देते हैं।

एक्सरसाइज

बहुविकल्पीय प्रश्न (Multiple Choice Quesitons)

1. इनपुट 100 99 के लिए निम्नलिखित प्रोग्राम का आउटपुट क्या है?

```
n1, n2 = input().split()
if n1 < n2:
    print(n1, "<", n2)
elif n1 == n2:
    print(n1, "==", n2)
elif n1 < n2:
    print(n1, "again <", n2)
else:
    print(n1, ">=", n2)
```

A. 100 < 99
B. 100 >= 99
C. 100 == 99
D. 100 again < 99

2. ***dob*** चर(variable) के लिए एक मान का सुझाव दें जो निम्न सशर्त कथन के लिए short-circuiting की उपयोगिता को दर्शाता है।

```
if len(dob) >= 5 and dob[3:5] == "08":
    print("You are an August person.")
```

A. '29/10/1999'
B. '29/08/2000'
C. '1/1/2001'
D. '123'

3. निम्नलिखित प्रोग्राम का आउटपुट क्या है?

```
numbers = [65, 32, -3, 32, 43, 32, -22, 2, -5, 64, 0, 8]
i = 0

for n in numbers:
    if 2**i == n:
        print(n)
    i = i + 1
```

A. 32 32 64 8
B. 32 64 8
C. 32 64
D. 32

4. 3 से 99 के बीच सभी वर्गो को प्रिंट करने के लिए निम्न कार्यक्रम में X अभिव्यक्ति का मूल्य(value) क्या होना चाहिए?

```
import math

for n in range(3, 100):
    for i in range(2, int(math.sqrt(n)) + 1):
        if X:
            print(n)
```

5. निम्नलिखित प्रोग्राम क्या प्रिंट करता है?

```
n = int(input())
sumf = 0

for i in range(0, n):
   for j in range(0, n):
      if i * j == n:
         break
   else:
      continue

   sumf = sumf + i

print(sumf)
```

A. n के सभी उचित कारकों का योग

B. n के सभी प्रमुख गुणनखंडों का योग

C. n से छोटी सभी संख्याओं का योग

D. सभी sqrt() कारकों का जोड़ है

बहुविकल्पीय प्रश्नों के उत्तर

1 A: 100 <99

2. D: 123

3. D: 32

4. B i* i= = n

5. A: n के सभी उचित कारकों का योग

प्रैक्टिकल(practical)

1 सूची में दूसरे अधिकतम को खोजने के लिए एक प्रोग्राम लिखें।

2. पाइथन का एक्सपोनेंशियेशन ऑपरेटर (* *) लागू करें.

3. प्रत्येक मूल्यवर्ग के लिए नोटों की एक निश्चित संख्या(number) का समर्थन करने के लिए हमारे मूल्यवर्ग कार्यक्रम को संशोधित करें।

4. अपने दोस्तों की मैपिग बताने के लिए नाम दिया गया है। तेलंगाना के सभी दोस्तों को खोजें।

5. एक संख्या(number) को देखते हुए, इसके सभी अद्वितीय(unique) अभाज्य(prime) गुणनखंडों को ढूँढें।

आगे पढ़ने के लिए QR कोड(code)

3. फंक्शन, मॉड्यूल और पैकेज

यूनिट स्पेशिफिक्स

इस यूनिट के माध्यम से हम निम्नलिखित पहलुओं पर चर्चा करते हैं:

- ◆ functions का उपयोग करके कार्यक्षमता अलग करना
- ◆ modules के प्रयोग से functions समूहबद्ध करें
- ◆ packages के प्रयोग से modules समूहबद्ध करना

अनुपात(RATIONALE)

अच्छी प्रोग्रामिग सुसंगत कथनों को समूहीकृत करने मांग करती है जो किसी दी गई समस्या का समाधान करते हैं। यह समूह कॉलिग कोड(code) को आंतरिक(internal) विवरणों से मुक्त(free) बनाता है और कोड(code) को पढ़ने योग्य भी बनाता है। यह मॉडुलीकरण पाइथन में विभिन्न स्तरों पर प्राप्त किया जाता है। Statements को एक साथ समूहीकृत करना *functions* का प्रयोग करके किया जाता है। एक विशेष डोमेन से संबंधित *functions* को *module* में समूहीकृत किया जाता है। अंत में, *module* को एक पूर्ण *package* में एक साथ जोड़ सकते है। हम अपने स्वयं के *functions, modules* और *packages* बनाकर इस यूनिट में इस तीन-स्तरीय पदानुक्रम(hierarchy) को उजागर करते हैं।

PRE-REQUISITES

यूनिट 1 और 2

यूनिट आउटकम (Unit Outcomes)

इस यूनिट के परिणामों की सूची इस प्रकार है:

U3-O1:	नया *function* बनाएँ और उन्हें कॉल करें
U3-O2:	नया *module* बनाएँ और उनका उपयोग करें
U3-O3:	*modules* से नया पैकेज बनाएँ

Unit-3 Outcomes	EXPECTED MAPPING WITH COURSE OUTCOMES (1- Weak Correlation; 2- Medium correlation; 3- Strong Correlation)					
	CO-1	CO-2	CO-3	CO-4	CO-5	CO-6
U3-O1	3	3	3	-	3	1
U3-O2	1	1	2	2	1	-
U3-O3	2	1	3	1	2	1

जैसे-जैसे कोड(code) का आकार बढ़ता है और हम बड़ी परियोजनाओं पर काम करते हैं, हमारे कोड(code) को व्यवस्थित करना अनिवार्य है। हम इस यूनिट को एक ब्लॉक आरेख(block diagram) के साथ शुरू करते हैं जो functions, module और packages के बीच संबंध को दर्शाता है। इसके बाद हम उनमें से प्रत्येक के बारे में गहराई से सोचते हैं।

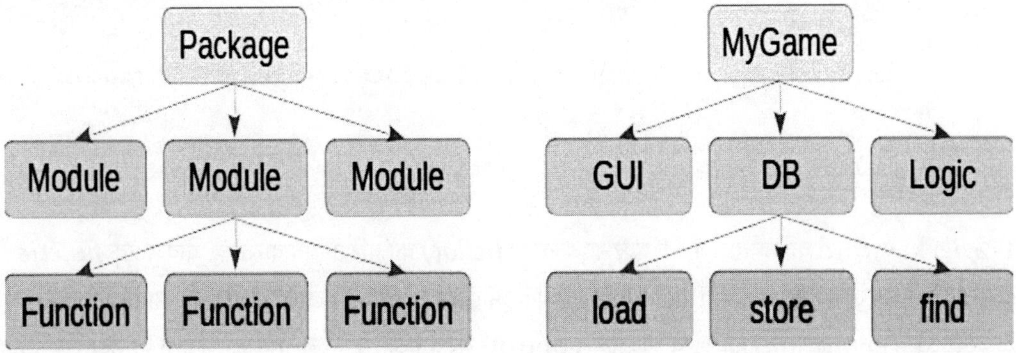

उपर्युक्त आरेख(diagram) पदानुक्रम को दर्शाता है। एक पैकेज में कई मॉड्यूल(module) हो सकते हैं और प्रत्येक मॉड्यूल(module) में कई *functions* हो सकते हैं। उदाहरण के लिए, यदि हम एक खेल डिजाइन कर रहे हैं, पैकेज MyGame के भीतर, हमारे पास विभिन्न मॉड्यूल(module) हो सकते हैं जो ग्राफिकल यूजर इंटरफेस (GUI), या डेटाबेस (DB), या खेल के तर्क(logic) से निपटते हैं। प्रत्येक मॉड्यूल(module) के भीतर, हम संबंधित कार्यों को समूह कर सकते हैं। उदाहरण के लिए, एक DB मॉड्यूल(module) को एक डेटाबेस से डेटा लोड करना पड़ सकता है (जो एक संबंधपरक डेटाबेस जैसे SQL या डिस्क पर फाइलों का उपयोग कर सकता है), वर्तमान को संग्रहीत करता है
डाटाबेस में खेल और स्कोर, और इसमें एक उपयोगकर्ता के बारे में जानकारी ढूंढें. हम नीचे से इस पदानुक्रम(hierarchy) का पता लगाएंगे।

3.1 **फंक्शन** (Functions)

Functions हमें एक विशिष्ट कार्यक्षमता को अलग करने और कई स्थानों से इसका पुनः उपयोग करने की अनुमति देते हैं। उदाहरण के लिए, हम ***print()*** और ***len()*** function का उपयोग करते हैं जो मानक(standard) पाइथन लाइब्रेरी में परिभाषित हैं। लेकिन हम अपने स्वयं के function भी लिख सकते हैं!
चलिए एक संदेश(message) छापने के लिए एक function को परिभाषित करने से शुरू करते हैं और इसे अलग-अलग तरीकों से कहते हैं।

```
1  def hello():                 # function definition
2      print("Hello World!")
3
4  hello()                      # function call
5
6  if False:
7      hello()                  # function call inside a conditional
8
9  for i in range(1,3):
10     hello()                  # function call inside a loop
```

लाइन 1-2 ***def*** keyword का उपयोग करके एक नए फंक्शन ***hello()*** को परिभाषित करता है. केवल एक *function* को परिभाषित करने से यह निष्पादित(executed) नहीं होता है। हमें इसे स्पष्ट रूप से बुलाने (call) की आवश्यकता है, जो हम लाइन 4 पर करते हैं। F*unctions* को अन्य नियंत्रण(control) संरचनाओं से भी बुलाया जा सकता हैः उदाहरण के लिए, लाइन 7 पर एक सशर्त से और लाइन 10 पर एक Loop से। "पूरे कार्यक्रम का आउटपुट" "Hello World!" के तीन उदाहरण हैं, एक लाइन 4 से, कोई भी लाइन 7 से और दो लाइन 10 से।" मुख्य मॉड्यूल(module) (lines 3-10), जहां से हम एक function call करते हैं, को कॉलर कहते हैं।

अब हम मुद्रित(print) किए जा रहे विभिन्न संदेशों का समर्थन करने के लिए अपनी ***hello()*** की परिभाषा(definition) को संशोधित करते हैं। यह argument की मांग करता है।

```
def hello(msg):
    print(msg)

hello("Hello World!")

if False:
    hello("Hello from if")

for i in range(1,3):
    hello("Hello from loop")
```

उपर्युक्त कोड(code) का आउटपुट हैः

```
Hello World!
Hello from loop
Hello from loop
```

ऐसे arguments कार्यक्षमता को tune करने में मदद कर सकते हैं। यह हम एक ***print()*** function के साथ क्या करते हैं।

यूनिट 2 से हमारे प्रोग्राम को याद करें जो पता करता है कि संख्याओं की एक श्रृंखला अभाज्य(prime) है या नहीं। हम इसे function का उपयोग करने के लिए संशोधित करेंगे और देखेंगे कि प्रोग्राम कैसे सरल दिखता है।

उदाहरणः Function का उपयोग कर 3-to-100 के बीच अभाज्य(prime) संख्या का पता लगाएं|

Function का उपयोग किए बिना मूल प्रोग्राम यहाँ है।

```
1  import math
2
3  for n in range(3, 100+1):
4      print(n,'', end ='')
5
6      if n%2 == 0:
7          print("Composite")
8          continue
9
10     for i in range(3, 1 + int(math.sqrt(n)),2):
11         if n%i == 0:              # if i divides n
12             print("Composite")
13             break
14     else:                         # else corresponding to for
15         print("Prime")
```

कौन सा हिस्सा हम एक function के लिए स्थानांतरित कर सकते हैं? यह हम पर निर्भर करता है। उदाहरण के लिए, हम बस एक function के अंदर अभाज्य(prime) या समग्र (Composite) मुद्रण (print) कर सकते हैं। वैकल्पिक रूप से, हम लाइन 12 पर Loop के लिए एक function में परिवर्तित कर सकते हैं।

इस उदाहरण के पिछले परिप्रेक्ष्य से , हम किसी दिए गए संख्या(number) का प्राइमैलिटी परीक्षण (primality testing) एक function के रूप में कर सकते हैं। इसके बाद इस function को लाइन 3 मे *call* कर सकते हैं।

```
1  import math
2
3  def isPrime(n):
4      if n%2 == 0:
5          print("Composite")
6          continue              # there is no enclosing loop
7
8      for i in range(3, 1 + int(math.sqrt(n)),2):
9          if n%i == 0:          # if i divides n
10             print("Composite")
11             break
12     else:                     # else corresponding to for
13         print("Prime")
14
15 for n in range(3, 100+1):
16     print(n,'', end='')
17     isPrime(n)
```

देखें कि कैसे हमने कोड(code) को *isPrime()* function में स्थानांतरित किया है और मुख्य मॉड्यूल(module) सरल है (lines 15-17). दुर्भाग्य से, यह कोड(code) पुनर्गठन एक समस्या पैदा करता है। लाइन 6 पर जारी कथन अब एक Loop के अंदर नहीं है। इसलिए, यह एक वाक्यविन्यास(Syntax) त्रुटि है। एक function के परिप्रेक्ष्य से, हम चाहते हैं कि लाइन 5 पर समग्र (Composite) मुद्रण के बाद, नियंत्रण(control) वापस कॉलर के पास जाना चाहिए और अगली संख्या(number) को मुख्य रूप से चेक किया जाना चाहिए। यह ***return*** स्टेटमेंट के जरिए किया जा सकता है।

return

अब कार्यक्रम उम्मीद के अनुसार काम करता है। हालांकि, यह अच्छा होगा कि कॉलर यह पता लगाने के बाद कि कोई संख्या(number) अभाज्य(prime) है या नहीं, प्रसंस्करण का प्रभार ले सकता है। यह मांग करता है कि function ***isPrime()*** सही(True) या गलत(False) लौटने के लिए है।

```
1  import math
2
3  def isPrime(n):
4      if n%2 == 0:
5          return False
6
7      for i in range(3, 1 + int(math.sqrt(n)),2):
8          if n%i == 0:
9              return False
10     else:                          # else corresponding to for
11         return True
12
13 for n in range(3, 100+1):
14     if isPrime(n): print(n,'', end='')
```

लाइन 5,9, और 11 आर्गुमेंट संख्या (Argument number) की प्राइमैलिटी (Primality) के आधार पर बूलियन मान(Boolean Value) लौटाता है. यदि संख्या(number) मिश्रित(composite) है, तो कॉलर कुछ भी नहीं करता है, अन्यथा यह संख्या(number) को print करता है। उपर्युक्त कोड(code) का आउटपुट है:

3, 5, 7, 11, 13, 17, 19, 23, 29, 31, 37, 41, 47, 53, 59, 61, 67, 71, 73, 79, 83, 89, 97,

क्या हमें इन प्राइम नंबरों को प्राप्त करने के लिए हमेशा 100 कॉल करने की आवश्यकता है? ज़रूरी नहीं। हम एक function का आह्वान केवल एक बार कर सकते हैं और अभाज्यों की एक पूरी सूची लौटा सकते हैं! चलो यह करते हैं. अब हमें फंक्शन के अंदर Loop की आवश्यकता होगी।

```
1  import math
2
3  def getAllPrimes(maxn):            # find primes upto maxn
4      allPrimes = []
5
6      for n in range(3, maxn + 1):
7          if n%2 == 0:
8              continue             # we can use this now
9
10         for i in range(3, 1 + int(math.sqrt(n)),2):
11             if n%i == 0:
12                 break
13         else:
14             allPrimes.append(n) # add to the list
15
16     return allPrimes
17
18 #main module begins here
19 print(getAllPrimes(100))
20 print(getAllPrimes(50))
```

function के लिए तर्क अब अधिकतम संख्या(number) है जिस तक हम प्राइमैलिटी की जांच करना चाहते हैं। हम इस तरह के सभी अभाज्यों को लाइन 4 में शुरू किए गए सभी अभाज्यों की सूची में संग्रहीत करते हैं। जैसे ही हमें कोई अभाज्य संख्या (prime number) (line 13) मिलती है, हम इसे इस सूची (line 14) में धकेल देते हैं। इस पॉपुलेट सूची को अंततः function (line 16) से वापस (return) कर दिया जाता है। लाइन 19 और 20 विभिन्न अधिकतम n मूल्यों के साथ function call कर, नीचे दिये सूची के रूप में प्रिट करता है।

```
[3, 5, 7, 11, 13, 17, 19, 23, 29, 31, 37, 41, 43, 47, 53, 59, 61, 67, 71, 73, 79,
83, 89, 97]
[3, 5, 7, 11, 13, 17, 19, 23, 29, 31, 37, 41, 43, 47]
```

वैश्विक चर(Global Variables)

उपर्युक्त उदाहरण में, सूची को function के अंदर परिभाषित किया गया था और कॉलर(caller) को वापस कर दिया गया था। हम function के बाहर सूची को परिभाषित कर सकते हैं, इसे function के अंदर पॉपुलेट कर सकते हैं, और मुख्य मॉड्यूल(main module) से (function द्वारा इसे लौटाए बिना) पॉपुलेटेड सूची मुद्रित(print) कर सकते हैं। इसके लिए सूची को वैश्विक स्तर(global level) पर परिभाषित करने की आवश्यकता है।

```
1  import math
2
3  def getAllPrimes(maxn):             # find primes upto maxn
4      global allPrimes                # I want to acess allPrimes list
5
6      for n in range(3, maxn + 1):
7          if n%2 == 0:
8              continue            # we can use this now
9
10         for i in range(3, 1 + int(math.sqrt(n)),2):
11             if n%i == 0:
12                 break
13         else:
14             allPrimes.append(n) # add to the list
15
16 #main module begins here
17 allPrimes = []
18 getAllPrimes(100)               # populate allPrimes
19 print(allPrimes)
20 getAllPrimes(50)                # populate allPrimes
21 print(allPrimes)
```

Function ***getAllPrimes()*** दो परिवर्तनों को छोड़कर लगभग समान रहता है. 1: लाइन 4 पर, यह सभी प्राइम को एक वैश्विक चर(global variable) होने के लिए चिह्नित करता है।

2: यह नहीं है कि सभी अभाज्य(prime) वापस करें. सभी अभाज्य(prime) अब मुख्य मॉड्यूल(module) में एक नियमित चर(variable) है जो लाइन 17 पर एक रिक्त(empty) सूची के लिए आरंभ किया गया है। यह लाइन 18 और 20 पर ***getAllPrimes()*** द्वारा पॉपुलेट है। ध्यान दें कि इन दो functions कॉलों के बाद, हम बस सभी अभाज्य(prime) संख्याओं की सूची को (lines 19 और 21) में print करते हैं। कोड(code) का आउटपुट क्या होगा?

यदि आप कहते हैं कि आउटपुट समान रहेगा, तो यह सही नहीं है। यहां आउटपुट है।

[3,5,7,11,13,17,19,23,29,31,37,41,43,47,53,59,61,67,71,73,79,83,89,97]

[3,5,7,11,13,17,19,23,29,31,37,41,43,47,53,59,61,67,71,73,79,83,89,97,3,5,7,11,13,17,19,23,31,37,41,43,47]

ध्यान दें कि कैसे ***getAllPrimes()*** प्राप्त करने के लिए दूसरे कॉल ने मूल सूची में अभाज्य(prime) संख्याओं को जोड़ दिया है। ऐसा इसलिए हुआ क्योंकि हम लाइन 20 पर ***getAllPrimes(50)*** को कॉल करने से पहले सूची को खाली करना भूल गए।

याद रखें: वैश्विक चर(global variable) कोड(code) को आसान बनाते हैं, लेकिन अगर हम सावधान नहीं हैं तो आरंभीकरण त्रुटियों का भी कारण बन सकते हैं।

वैश्विक चरों(global variables) की गुंजाइश को समझने के लिए, आइए एक सरल उदाहरण देखें। इस कोड(code) का आउटपुट क्या होगा?

```
1 g = 10                # global variable
2 print("1:",g)
3
4 def fun():
5     g = 20            # local variable
6     print("3:",g)
7
8 g = 30                # global variable
9 print("2:",g)
10 fun()
11 print("4:",g)
```

एक function को मुख्य मॉड्यूल(module) (पंक्ति 4) के मध्य(middle) में परिभाषित किया जा सकता है। यह कार्यक्रम इस प्रकार से चलता है।

पंक्ति 1: एक वैश्विक चर(global variable) g के लिए 10 assign करता है।

पंक्ति 2: मुद्रण(print) 1 : 10

पंक्ति 8: एक ही वैश्विक चर(global variable) g के लिए 30 assign करता है।

पंक्ति 9: मुद्रण(print) 2: 30

पंक्ति 10: लाइन 4 पर ***fun()*** करने के लिए एक function कॉल करता है.

पंक्ति 5: एक स्थानीय चर(local variable) g को 20 assign करता है। यह एक नया चर(variable) है, वैश्विक(global) g से अलग।

पंक्ति 6: मुद्रण(print) 3: 20 का है।

अब नियंत्रण(control) वापस कॉल करने वाले के पास आता है। स्थानीय चर(local variable) अब पहुँच योग्य नहीं है।

पंक्ति 11: मुद्रण(print) 4: 30, यह वही पहले का वैश्विक चर(variable) g है।

संक्षेप में, जब ***fun()*** एक चर(variable) का अभिगम(access) करता है, तो यह डिफ़ॉल्ट रूप से स्थानीय चर(variable) होता है। यदि हम इसे वैश्विक चर(global variable) g की तरह उपयोग करना चाहते हैं, तब हम global g statement जोड़ना होगा| पिछले उदाहरण(example) के समान (global allPrimes)। अब आउटपुट बदल जाएगाः 4:20

अच्छा प्रोग्रामिग प्रचलनः यदि डेटा रखने वाली केंद्रीय संरचनाएं हैं जिन्हें आपको कई functions से एक्सेस(access) करने की आवश्यकता है, तो केवल वैश्विक चर(global variable) का उपयोग करें। अन्यथा, globals से बचें और functions के लिए argument के रूप में डेटा पारित करें।

उदाहरणः परफेक्ट नंबर्स (Perfect Numbers)

यदि किसी संख्या(number) के समुचित भाजकों का योग उसके समान हो तो वह संख्या(number) पूर्ण होती है। उदाहरण(example) के लिए, 6 एक पूर्ण संख्या(number) है इसके उचित भाजक (1,2,3) के योग के रूप में 6 है। एक और पूर्ण संख्या(number) 28 = 1 + 2 + 4 + 7 + 14 है। function का उपयोग करके पूर्ण संख्या(number) खोजने के लिए एक प्रोग्राम लिखते हैं।

मुख्य मॉड्यूल (main module) को नीचे लिखा जा सकता है।

```
for n in range(1, 10000):
    factors = findFactors(n)

    if n == sum(factors):
        print(n, ":", factors)
```

हम दो functions का उपयोग करते हैं: ***findFactors*** और ***sum***. ***sum*** पाइथन में एक पूर्व-परिभाषित function है, जबकि हमें ***findFactors*** लिखना होगा। प्राथमिक परीक्षण के हमारे अनुभव के साथ, हम इसे लिखना जानते हैं।

```
def findFactors(n):
    factors = []

    for f in range(1, n):
        if n%f == 0:
            factors.append(f)

    return factors
```

उदाहरण: फिबोनैकी(fibonacci) स्ट्रिंग(string)

फिबोनैकी(fibonacci) संख्याओं की तरह, हम फिबोनैकी स्ट्रिंग(fibonacci string) को परिभाषित कर सकते हैं, जो बाइनरी अंकों 0 और 1 पर स्ट्रिंग(string) हैं।

fib(0) = ”0,” fib(1) = "01”

fib(n) = fib(n-1) + fib(n-2),

जहां + पाइथन का स्ट्रिंग(string) संयोजन है कुछ प्रारंभिक(initial) फिबोनैकी स्ट्रिंग(fibonacci string) हैं:

0, 01, 010, 01001, 01001010, 01001001,...

फिबोनैकी(fibonacci) स्ट्रिंग(string) का एक विशेष गुण होता है। यदि हम अंतिम दो अंकों को हटा देते हैं, तो स्ट्रिंग(string) वही आगे और पीछे पढ़ती है। इस तरह के स्ट्रिंग(string) को पालिनड्रोम (pallindrome) कहा जाता है (उदाहरण के लिए, nitin, a, malayalam, amma, tattarrattat, और अगर आप spaces और punctuations की अनुमति देते हैं, तो "borrow or rob", "was it a car or a cat i saw", "never odd or even", "A man, a plan, a canal, panama")

चलो देखते हैं कि क्या फिबोनैकी स्ट्रिंग(fibonacci string) में यह आकर्षक गुण है।

```
1  def isPalindrome(bstring):
2      blen = len(bstring)
3      first = bstring[:blen//2]    # integer division to get the index
4      second = bstring[(blen+1)//2:]
5
6      if first == second[::-1]:
7          return True
8
9      return False
10
11 # main module begins
12 first = "0"
13 second = "01"
14 i = 0
15
16 while i < 10:
17     if i >= 2 and isPalindrome(first[:-2]):
18         print(first[:-2] + "is a palindrome")
19
20     first, second = second, second+first
21     i = i + 1
```

हम रेखा(line 12 और 13) में पहले दो स्ट्रिग(string) को परिभाषित करते हैं। हम पहले कुछ फिबोनैची स्ट्रिग(Fibonacci string) (line 16) के लिए इस गुण की जाँच करते हैं। स्ट्रिग(string) एकाधिक असाइनमेंट (multiple assignement) का उपयोग करके लाइन 20 में उत्पन्न होते हैं। लाइन 17 स्ट्रिग(string) के अंतिम दो बाइनरी अंकों को हटाकर एक संयोजक(conjunct) का उपयोग कर ***isPallindrome()*** function को कॉल करता है। यदि property संतुष्ट(correct) है, तो सभी स्ट्रिग(string) (line18) द्वारा print किया जाना चाहिए।

Function ***isPalindrome()*** दिए गए स्ट्रिग(string) को दो हिस्सों में विभाजित करता है। [0: blen//2] पहला आधा है, जबकि दूसरा आधा है [(blen+1)/2 : blen], जो हम लाइनों 3 और 4 में उपयोग करते हैं। दिलचस्पी की बात है कि ये वाक्यांश(syntax) काम करते हैं-चाहे string कि लंबाई सम(even) हो या विषम(odd)। ध्यान दें कि हम मुख्य मॉड्यूल(module) और function दोनों में एक ही चर(variable) नाम (first और second) का उपयोग करते हैं, लेकिन दोनों दो अलग-अलग संस्थाओं का उल्लेख करते हैं। line 6 एक अजीब वाक्यविन्यास(Syntax) का उपयोग करता है [::-1] जो एक range को परिभाषित करता है, लेकिन एक स्टेप (-1) का भी उपयोग करता है (-1 इस मामले में, 1 डिफ़ॉल्ट रूप से) जो हमें दूसरे स्ट्रिग(string) को रिवर्स करने की अनुमति देता है। यदि दो strings समान हों, तो हम इसे पैलिड्रोम(pallindrome) घोषित करते हैं।

उपर्युक्त कोड(code) का आउटपुट है:

0 एक palindrome है

010 एक palindrome है

010010 एक palindrome है

01001010010 एक palindrome है

01001010010100101010 एक palindrome है

010010100100101001010010100101010 एक palindrome है

01001010010010100101001010010100101010 एक पैलिड्रॉम है

010010010010010010010010010010010100100100101001010 एक पैलिड्रॉम है

function लिखने का एक दिलचस्प पहलू यह है कि हम इसे विभिन्न संदर्भों में फिर से उपयोग कर सकते हैं। उदाहरण के लिए, *isPalindrome()* function न केवल बाइनरी स्ट्रिंग(string) के लिए काम करता है, बल्कि मनमाने ढंग से स्ट्रिंग(string) के लिए भी काम करता है।

Default Arguments

एक function पर विचार करें जिसमें हमें पूर्णांकों के अनुक्रम(sequence) को शुरू करने की आवश्यकता है। हमें अपेक्षित अनुक्रम(sequence) के आकार और उस मूल्य(value) को जानने की आवश्यकता है जिसके लिए अनुक्रम(sequence) को शुरू करने की आवश्यकता है। इस function को इस प्रकार लिखा जा सकता है:

```
def initSeq(size, val):
    seq = []

    for i in range(0, size):
        seq.append(val)

    return seq
```

इस function को इस प्रकार *call* किया जा सकता है

```
initSeq(10,0)
initSeq(10,"ABCD")
initSeq(10,['A', 'B','C','D'])
```

यह अच्छा है, क्योंकि एक ही function का उपयोग कई प्रकार के चर (पूर्णांक, स्ट्रिंग(string), सूची) के साथ किया जा सकता है, जबकि एक अनुप्रयोग में सबसे आम उपयोग पूर्णांक हो सकता है। इसके अलावा, सबसे common initialization मूल्य(value) 0 हो सकता है। क्या हम इसका जिक्र करने से बच सकते हैं?

डिफ़ॉल्ट आर्गुमेंट (Default Argument) हमें कम आर्गुमेंट निर्दिष्ट करने की अनुमति देता है जो function आमतौर पर लेता है, और फिर भी वांछित (most common) कार्यक्षमता को प्राप्त करता है। हमने पहले भी इस तरह की सुविधा का इस्तेमाल किया है? याद रखें कि ***print()*** function और end के लिए वैकल्पिक तर्क लेता है. वे स्थान और नई पंक्ति के सबसे आम मूल्यों के लिए डिफ़ॉल्ट करते हैं। हम अपनी ***initSeq()*** के साथ कुछ ऐसा ही करना चाहते हैं। हम इसे

initSeq(10) के रूप में कॉल करना चाहते हैं और इसे 10 शून्य(zero) का एक अनुक्रम(sequence) वापस करना चाहिए। शून्य(zero) डिफ़ॉल्ट मान होना चाहिए.

डिफ़ॉल्ट आर्गुमेंट (Default Argument) के साथ हमारा प्रोग्राम नीचे दिखता है।

```
1 def initSeq(size, val= 0):
2     seq = []
3 
4     for i in range(size):
5         seq.append(val)
6 
7     return seq
```

ध्यान दीजिए कि कैसे हमने लाइन 1 पर val के लिए असाइनमेंट(assignment) निर्दिष्ट किया। यह डिफ़ॉल्ट मान है जब अनिर्दिष्ट होता है. हम किसी मान को अनिर्दिष्ट कैसे करते हैं? इस function को इस रूप में कॉल करके *initSeq(10)*, इनिशियलाइज़एशन मूल्य(value) का उल्लेख किए बिना। इस प्रकार, निम्नलिखित दो कॉल समान हैं।

initSeq (10,0)

initSeq (10)

Default Arguments वृद्धिशील सॉफ्टवेयर विकास के लिए उपयोगी हो सकते हैं। उदाहरण के लिए, मान लीजिए कि हमें (0,1,2,3,4,5,6,7,8,9) जैसे बढ़ते अनुक्रमों के लिए समर्थन शामिल करने के लिए *initSeq()* की कार्यक्षमता का विस्तार करने के लिए कहा गया है। ध्यान दें कि हमारा वर्तमान कोड(code) ऐसा अनुक्रम(sequence) नहीं बना सकता है। अब, अगर हम एक और तर्क जोड़ते हैं, तो मूल कार्यक्षमता का उपयोग करने वाले मौजूदा कॉलर्स प्रभावित होंगे और उनके कोड(code) को फिर से लिखना होगा। क्या डिफ़ॉल्ट तर्क यहाँ हमारी मदद कर सकते हैं?

हम एक दूसरे डिफ़ॉल्ट तर्क inc (Line 1) को परिभाषित करते हैं और इसका उपयोग वैल्यू वैल (Line 6) को अद्यतन(update) करने के लिए करते हैं। आइए देखें कि कैसे प्रत्येक कॉल *initSeq()* काम करता है।

```
1  def initSeq(size, val = 0, inc = 0):
2      seq = []
3
4      for i in range(0, size):
5          seq.append(val)
6          val = val + inc
7
8      return seq
9
10 print(initSeq(10))
11 print(initSeq(9,1))
12 print(initSeq(8, "1", "0"))
13 print(initSeq(7, ['A','B','C'],['D']))
```

◆लाइन 10, 0 मान के साथ 10 पूर्णांकों का एक अनुक्रम(sequence) बनाता है। लाइन 6 में 0 से 0 तक का अद्यतन(update) निरर्थक है लेकिन शुद्धता को प्रभावित नहीं करता है। इस प्रकार, मूल कोड(code) पहले की तरह काम करता रहता है।

◆लाइन 11 भी पहले की तरह काम करता है, डिफ़ॉल्ट शून्य के बजाय 1 पर सेट मान के साथ।

◆लाइन 12 स्ट्रिंग(string) का उपयोग करके नया कॉल है। यह 8 बाइनरी स्ट्रिंग्स का एक अनुक्रम(sequence) शुरू करता है जो *power of 2* का प्रतिनिधित्व करता है।

◆लाइन 13 सूची(list) का उपयोग करके नया कॉल है। क्या आप पता लगा सकते हैं कि यह क्या करता है?

उपर्युक्त प्रोग्राम का आउटपुट है:

```
[0, 0, 0, 0, 0, 0, 0, 0, 0, 0]
[1, 1, 1, 1, 1, 1, 1, 1, 1]
['1', '10', '100', '1000', '10000', '100000', '1000000', '10000000']
[['A', 'B', 'C'], ['A', 'B', 'C', 'D'], ['A', 'B', 'C', 'D', 'D'], ['A', 'B', 'C', 'D', 'D', 'D'], ['A', 'B', 'C', 'D', 'D',
'D', 'D'], ['A', 'B', 'C', 'D', 'D', 'D', 'D', 'D'], ['A', 'B', 'C', 'D', 'D', 'D', 'D', 'D', 'D']]
```

पुनरावृत्ति(Recursion)

एल.पीटर ड्यूश (L. Peter Deutsch) ने कहा: *"to iterate is human, to recurse, divine"*। पुनरावृत्ति(Recursion) तब होती है जब एक function स्वयं को (प्रत्यक्ष या अप्रत्यक्ष रूप से) बुलाता है। यह अजीब लग सकता है, लेकिन हम हर समय पुनरावर्ती सूत्रीकरण(formulation) का उपयोग करते हैं। हमारे फिबोनैकी(fibonacci) अनुक्रम(sequence) को याद करें *Fib(n)= Fib(n-1) + Fib(n-2)*, या फैक्टोरियल *Fact(n) = n *fact(n-1)*। वास्तव में, कुछ अन्य गणनाओं को भी पुनरावृत्ति(recursion) का उपयोग करके मॉडल किया जा सकता है। उदाहरण के लिए, हम कह सकते हैं कि *sum (list [:] == list[0] + sum (list [1:])* है।

शुरू करने के लिए, चलो हमारे ***initSeq ()*** recursively लागू करते हैं। ध्यान दें कि वर्तमान में इसे पुनरावृत्त रूप से लागू किया जाता है (लाइन 4 पर Loop उपयोग करके)। इसका पुनरावर्ती सूत्रीकरण कैसा होना चाहिए?

1 . initSeq (size, val) = एक तत्व(element) val के साथ, उसके बाद (size-1) तत्व(element) val के साथ

= [val] + initSeq (size-1, val)

2. initSeq (0, val) = []

समीकरण(equation) 1 आगमनात्मक कदम है, जबकि समीकरण (equation) 2 आधार (base) मामला है (जो पुनरावृत्ति को रोकने की अनुमति देता है)। हमारे सूत्रकार(formulation) उपयोग करके function को लागू करते हैं।

```
1 def initSeq(size, val, inc):
2     if size== 0:              # base case
3         return []
4 
5     return [val] +initSeq(size-1, val)  # inductive step
```

समीकरण(equation) 1 और रेखा(line) 5 के बीच समानता पर ध्यान दें (समीकरण(equation) 2 और रेखाएं(line) 2-3 पर ध्यान दें)।

उदाहरणः रिकर्सिवली एक सूची(list) print करे.

किसी सूची(list) को पुनरावर्ती रूप में print के लिए पुनरावर्ती सूत्रीकरण हैः

1 . printrec(list) = पहले तत्व(element) को print करें, उसके बाद शेष तत्वों को print करें

=print(list[0])

= print(list[1:])

2. printrec([]) = pass

आइए इस फॉर्मूलेशन के अनुसार कार्यक्रम को लागू करें।

```
1 def printrec(mylist):
2     if mylist == []:         # base case
3         print()
4         return
5 
6     print(mylist[0], '', end = '')   # inductive step
7     printrec(mylist[1:])
8 
9 printrec([0,1,2,3,4])
10 printrec(['king','are','you','glad','you','are','king?'])
```

लाइन 2 में if condition आधार(base) मामले को लागू करती है, जबकि लाइन 6 और 7 में प्रक्रिया समीकरण(equation) 1 में पुनरावर्ती सूत्रण का अनुसरण करती है (मुद्रण (print) करने के लिए अन्य तर्क सौंदर्य-मुद्रण के लिए हैं)। प्रोग्राम का आउटपुट उम्मीद के मुताबिक है।

क्या होगा अगर मैं सूची को उल्टा print करना चाहता हूँ? पुनरावर्ती सूत्रीकरण क्या होगा? कैसा होगा कार्यक्रम?

```
1  def printrec(mylist):
2      if mylist == []:          # base case
3          print()
4          return
5
6      printrec(mylist[1:])
7      print(mylist[0], '', end = '')   # inductive step
8
9
10 printrec([0,1,2,3,4])
11 printrec(['king','are','you','glad','you','are','king?'])
```

यह पता चला है कि केवल लाइनों 6 और 7 के आदान-प्रदान से, कोई भी विपरीत सूची प्राप्त कर सकता है।

उदाहरणः बाइनरी खोज (Binary Search)

एक क्रमबद्ध किए गए सारणी(array) में खोज(Search) के लिये एक एल्गोरिदम(Algorithm) Binary Search है। हम अद्वितीय(unique) मानों को आरोही(ascending) मान लेंगे, और इस खोज को पुनरावर्ती(recursively) रूप से लागू करते हैं। इस क्रमबद्ध किए गए अनुक्रम के बीच में जाने के लिए है, और जाँच करते है कि वहाँ कुंजी(Key) है। अगर हां, तो हम इंडेक्स लौटाते हैं। अन्यथा, हम या तो बाएँ या दाएँ आधे में पुनरावर्ती खोज करने का फैसला करते हैं।

क्या हम वास्तविक(real) जीवन में Binary Search का उपयोग करते हैं?

* जब कोई टीचर आपको पेज 140 पर जाने के लिए कहता है, तो क्या आप पहले 139 पेज देखते हैं?

* अगर हमें किसी डिक्शनरी में *supercalifragilisticeexialidocious* शब्द(word) का अर्थ खोजने की जरूरत है तो हम उस शब्द(word) तक कैसे पहुंचेंगे?

* यदि हम एक निर्देशिका में स्टार गैराज का फोन नंबर खोजना चाहते हैं, तो क्या हम क्रमिक रूप से जाते हैं?

निम्नलिखित उदाहरण(example) Binary Search को दर्शाता है। संख्याओं की निम्नलिखित क्रमबद्ध सारणी(array) पर विचार करें, हमारी खोज कुंजी(key) 10 के रूप में। हम पहले मध्यतत्व(middle element) (53) की जांच करते हैं। चूंकि 10, 53 से छोटा है, हम 53 के सही आधे को नजरअंदाज करते हैं और पहली छमाही में खोजने के लिए चुनते हैं (-4... 50). इस अनुक्रम(sequence) का मध्यतत्व(middle element) 9 है, जो हमारी दूसरी जांच है। चूंकि हमारी खोज कुंजी(key) 10, 9 से बड़| है, हम 9 (10.. 50) के दाहिने हाथ की ओर खोज करने के लिए चुनते हैं। इस अनुक्रम(sequence) का मध्यतत्व(middle element) 11 है, जो हमारी तीसरी जांच है॥ चूंकि हमारी खोज कुंजी(key) 10, 11 से कम है, हम इसके बाएं आधे (10.. 10) को खोजने के लिए चुनते हैं। हम अंत में अपने खोज कुंजी(key) मिल गया.

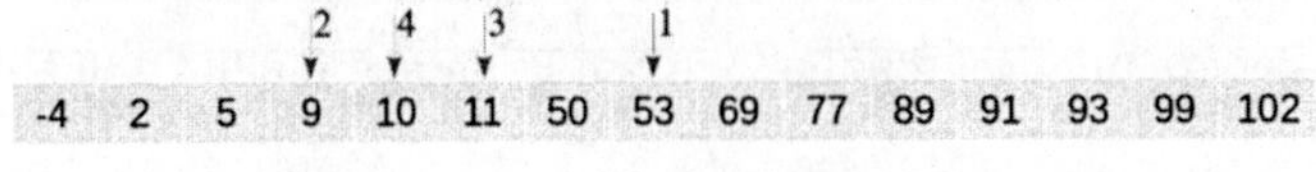

रैखिक खोज (Linear Search) और बाइनरी खोज (Binary Search) के बीच दो महत्वपूर्ण अंतर हैं:

1 रैखिक खोज(Linear Search) अनसॉर्ट किए गए अनुक्रमों(sequences) के साथ भी काम करती है।

2. एक बाइनरी खोज(Binary Search) की जांच की संख्या(number), रैखिक खोज (Linear Search) की तुलना में बहुत कम है।

बाइनरी खोज (Binary Search) के लिए प्रोग्राम को निम्नानुसार function आन्वित किया जा सकता है।

```
1  l = [-4,2,5,9,10,11,50,53,69,77,89,91,93,99,102]       # must be sorted
2
3  def binarysearch(value, start, end):         # search forthe value in l[start:end]
4      global l
5
6      if start < end:             # while there is at least one element
7          mid = (start+end)//2
8
9          if l[mid] == value:   # found the element
10             return mid
11         elif l[mid] < value:  # go to the right half
12             return binarysearch(value, mid+1, end)
13         else:                 # go to the left half
14             return binarysearch(value, start, mid)
15
16     else:                       # did not find the key
17         return -1
18
19 print(binarysearch(10, 0, len(l)))        # 4
20 print(binarysearch(-4, 0, len(l)))        # 0
21 print(binarysearch(12, 0, len(l)))        # -1
22 print(binarysearch(92, 0, len(l)))        # -1
23 print(binarysearch(102, 0, len(l)))       # 14
24 print(binarysearch(111, 0, len(l)))        # -1
```

हम एक वैश्विक सूची (लाइनें 1 और 4) का उपयोग करते हैं। खोज प्रकार्य(Search Function) को प्रारंभ और अंत सूचकांकों के साथ, खोज(Search) की कुंजी(key) के साथ बुलाया जाता है (लाइन 19-24)। यदि प्रारंभ सूचकांक और अंत सूचकांक (पंक्ति 6) के बीच कम से कम एक तत्व(element) है तो प्रसंस्करण जांच करता है। यदि नहीं है, तो इसका मतलब है कि कुंजी(key) नही मिली है और (-1) (लाइन 17) लौटाते (return -1) हैं। अन्यथा, हम कुंजी(key) (लाइन 9) के लिए अनुक्रम(sequence) के मध्यतत्व(middle element) की जाँच करते हैं। यदि यह पाया जाता है, तो हम इसका सूचकांक (लाइन 10) लौटाते हैं। अन्यथा, हम दाएँ (पंक्ति 12) या बाएँ आधे (पंक्ति 14) में खोज(Search) जारी रखने का फैसला करते हैं।

3.2 मॉड्यूल्स(Modules)

मॉड्यूल(module) वह हैं जो हम अब तक लिख रहे हैं। हमने जो भी प्रोग्राम बनाया है, वह एक मॉड्यूल(module) है, बस हम उन्हें उस तरह से नहीं देखते हैं। आमतौर पर, एक मॉड्यूल(module) संयोजक फंक्शनों (Functions) का एक

संग्रह(collection) है। उदाहरण के लिए, एक बड़े अनुप्रयोग को डिजाइन करते समय, हम डेटाबेस प्रसंस्करण, फ्रंटएण्ड, एरर हैंडलिग, विभिन्न मॉड्यूल(module) में उपयोगिताओं से संबंधित सभी फंक्शनों को रखना चाहते हैं। चलो हमारे अभाज्यसंख्या(prime number) कार्यक्रम को याद करते हैं। हम इसे एक फाइल *primefun.py* में संग्रहीत किया है.

```
1  import math         # name of this file is primefun.py
2
3  def isPrime(n):
4      if n % 2 == 0:
5          return False
6
7      for i in range(3, 1+int(math.sqrt(n)),2):
8          if n % i == 0:
9              return False
10     else:
11         return True
12
13 for n in range(3, 100+1):
14     if isPrime(n): print(n,end = ',')
15 print()
```

हम अब एक अलग पाइथन स्क्रिप्ट या प्रोग्राम से इस मॉड्यूल(module) का उपयोग कर सकते हैं। चलो इसे एक फाइल *primefunmodule.py* में परिभाषित करें।

import **primefun**

ध्यान दें कि इस फाइल में केवल एक पंक्ति है. अब हम इस स्क्रिप्ट को निष्पादित(executed) कर सकते हैं।

```
$ python3 primefunmodule
3, 5, 7, 11, 13, 17, 19, 23, 29, 31, 37, 41, 43, 47, 53, 59, 61, 67, 71, 73, 79, 83,
89, 97,
```

हमें यह आउटपुट कहां से मिलता है? ***primefun.py*** की 13-15 लाइनों से, जिसे ***primefunmodule.py*** द्वारा आयात किया जाता है। आमतौर पर, जब हम मॉड्यूल(module) का उपयोग करते हैं, मॉड्यूल(module) फाइलो में फंक्शन(function) और वैश्विक चर(global variable) होते हैं, और एक्जीक्यूटेबल कोड(Executable code) (जैसे line 13-15) नहीं होते हैं। ध्यान दें कि मॉड्यूल(module) primefun खुद math (line 1) नामक एक और मॉड्यूल(module) आयात करता है।

चलो आयातित मॉड्यूल(imported module) का और उपयोग करते हैं।

```
1 import primefun
2
3 for n in range(3,50+1):
4     if primefun.isPrime(n): print(n,end =',')
5 print()
```

इस प्रकार, हम *modulename.functionname* syntax (Line 4) का उपयोग करके एक मॉड्यूल(module) से एक function को कॉल कर सकते हैं। उपर्युक्त कोड(code) का आउटपुट है:

```
3, 5, 7, 11, 13, 17, 19, 23, 29, 31, 37, 41, 43, 47, 53, 59, 61, 67, 71, 73, 79, 83,
89, 97,
3, 5, 7, 11, 13, 17, 19, 23, 29, 31, 37, 41, 43, 47,
```

ध्यान दें कि पहली पंक्ति primefun.py में कोड(code) द्वारा print होती है, जबकि दूसरी पंक्ति primefunmodule.py में कोड(code) द्वारा print होती है।

हम किसी आयातित(imported) का नाम भी बदल सकते हैं यूनिट और एक मॉड्यूल(module) से सब कुछ आयात कर सकते हैं, ताकि हम सीधे उस मॉड्यूल(module) से फंक्शनों(functions) और globals का उपयोग कर सकते हैं (syntax *modulename.functionname* का उपयोग करने के बजाय)।

```
1  import primefun
2
3  for n in range(3,50+1):
4      if primefun.isPrime(n): print(n,end =',')
5  print()
6
7  myprime = primefun.isPrime      # shorthand name
8
9  if myprime(22): print(22)       # use the shorthand name
10     else: print("22 is composite")
11
12 from primefun import *          # import everything from a module
13
14 if isPrime(23): print(23)       # and use the function directly
15     else: print("23 is composite")
```

लाइन 7 हमारे प्राइम function के लिए एक शॉर्टहैंड नाम (एक पॉइंटर की तरह) बनाता है, जिसका उपयोग हम लाइन 9 में कर सकते हैं। यह *primefun.isPrime()* प्रकार के वाक्यविन्यास(Syntax) का उपयोग करने से बचाता है जैसा कि पंक्ति 4 में है। ***isPrime()*** को सीधे इस्तेमाल करने का एक और तरीका यह है कि ***isPrime()*** function क मॉड्यूल(module) *primefun* से आयात करता है या सबकुछ आयात करता है (* द्वारा इंगित) जैसा कि लाइन 12 में है, और function का उपयोग लाइन 14 में करता है। उपर्युक्त कोड(code) का आउटपुट है:

```
3, 5, 7, 11, 13, 17, 19, 23, 29, 31, 37, 41, 43, 47, 53, 59, 61, 67, 71, 73, 79, 83,
89, 97,
3, 5, 7, 11, 13, 17, 19, 23, 29, 31, 37, 41, 43, 47,
22 is composite
23
```

नोटः जब आप मॉड्यूल(module) का उपयोग करते हैं तो आप __pycache__ created नामक निर्देशिका देख सकते हैं. पायथन प्रयुक्त मॉड्यूल(module) को पूर्व-संकलित करता है और इसे इस निर्देशिका में बाइनरी रूप(form) में संग्रहीत करता है।

उदाहरणः शैक्षिक प्रदर्शन को ट्रैक करने के लिए एक मॉड्यूल(module) बनाएँ.

चलिए एक अकादमिक मॉड्यूल(module) बनाते हैं जो पाठ्यक्रमों, उनके कुल क्रेडिट, और अर्जित अंकों को ट्रैक करता है। तो हम भी गणना करने के लिए एक function प्रदान कर सकते हैं

सीजीपीए. हम इस जानकारी को कैसे सुरक्षित रख सकते हैं? अभी के लिए, हम इसे साहचर्य अनुक्रमों में संग्रहीत करेंगे। उदाहरण के लिएः

Course	CS1100	CS1200	AM1100	......
Credits	9	12	9	......
Earned points	10	9	9	......

इस प्रकार, ith पाठ्यक्रम(course) में ith क्रेडिट(credit) का अधिकतम क्रेडिट होता है और हमारे अर्जित अंक(Earned points) ith स्थान पर संग्रहीत किए जाते हैं। इस प्रकार, ये तीन सूचियां समानांतर चलती हैं।

हमारे अकादमिक मॉड्यूल(Academic module) में किस function का समर्थन किया जाना चाहिए?

◆अपने कुल क्रेडिट और अर्जित अंकों के साथ एक नया कोर्स जोड़ए ।

◆कोई कोर्स छोड़एं(drop) (कुछ कोर्स भारी होते हैं)।

◆पूरे शैक्षणिक रिकॉर्ड को प्रिंट करें।

◆current CGPA = sum of (credits* points)/sum of credits

उपर्युक्त फंक्शनों को निम्नलिखित रूप में परिभाषित किया जा सकता है।

```
def add(course, creditstotal, earnedpoints):
    .....
def drop(cc):
    .....
def cprint():
    .....
def cgpa():
    .....
```

ध्यान दें कि सूचियों को पैरामीटर के रूप में पारित नहीं किया गया है। इसका मतलब है कि हम उन्हें वैश्विक(global) बनाए रख सकते हैं।

हमारे मॉड्यूल(module) का एक विशिष्ट उपयोगकर्ता इसे निम्न रूप में उपयोग कर सकता है।

```
from academics import *

add("CS1100", 9, 10)
add("CS1200", 12, 9)
add("AM1100", 9, 9)
cprint()
print("1st Sem CGPA:",cgpa(),"\n")

add("EE2101", 12, 8)
add("CS2200", 12, 10)
add("EE2101")
add("CS2310", 6, 10)
add("CS2710", 6, 9)
cprint()
print("2nd Sem CGPA:",cgpa(),"\n")
```

और एक आम आउटपुट है:

```
course credits earned
CS1100 9 10
CS1200 12 9
AM1100 9 9
1st Sem CGPA: 9.3

course credits earned
CS1100 9 10
CS1200 12 9
AM1100 9 9
CS2200 12 10
CS2310 6 10
CS2710 6 9
2nd Sem CGPA: 9.5
```

आगे पढ़े बिना, उपरोक्त कार्यक्षमता(function) का समर्थन करने के लिए अपने स्वयं के अकादमिक(academic) मॉड्यूल(module) को लिखने की कोशिश करें. अब हम पूर्ण मॉड्यूल(complete module) दिखाते हैं।

उदाहरण के लिए, ऑडिट पाठ्यक्रमों आदि का समर्थन करने के लिए सेमेस्टर-वार SGPA को प्रिंट करने के लिए उपर्युक्त मॉड्यूल(module) को कई तरीकों से बढ़ाया जा सकता है।

```python
courses = []
credits = []
earned = []

def add(cc,cr,ea):
    courses.append(cc)
    credits.append(cr)
    earned.append(ea)

def drop(cc):
    index = courses.index(cc)  # find the index of cc
    # TODO: check if index is valid
    courses.pop(index)         # remove the element at index
    credits.pop(index)
    earned.pop(index)

def cprint():
    ii = 0
    print("course", "credits", "earned")

    for cc in courses:
        cr = credits[ii]
        ea = earned[ii]
        print(cc, cr, ea)
        ii = ii + 1

def cgpa():
    numerator = denominator = 0
    ii = 0

    for cr in credits:
        ea = earned[ii]
        numerator = numerator + cr*ea
        denominator = denominator + cr
        ii = ii + 1

    return numerator/denominator
```

भविष्य कनेक्टः हम अकादमिक जानकारी को एक पाठ्य संचिका में संचित कर सकते हैं और इसे पाइथन प्रोग्राम से पढ़ सकते हैं।

उदाहरणः मैट्रिक्स संक्रिया(Matrix Operation) के लिए एक मॉड्यूल(module) बनाएँ|

चलिए एक मैट्रिक्स मॉड्यूल(matrix module) बनाते हैं जिसमें कुछ उपयोगी function हो सकते हैं जैसे जोड़ और गुणा। एक function मैट्रिक्स प्रारंभ करने के लिए, एक function परीक्षण(test) करने के लिए,और चलो एक function मुद्रण(print) के लिए जोड़ते हैं। चारो functions सिग्नेचर इस प्रकार होंगेः

```
def minit(rows, cols, val=0,inc= 0):
    .....
def mprint(mat):
    .....
def madd(mat1,mat2):
    .....
def mmult(mat1,mat2):
    .....
```

मैट्रिक्स को कैसे दर्शाया जाता है? यह सूची हो सकती है। उदाहरण के लिए, [1,2,3]   [4,5,6]। आगे पढ़ने से पहले, उपरोक्त चार फंक्शनों(functions) को स्वयं लिखना सहायक होगा।

हम इसे एक क्लाइंट प्रोग्राम (client program) में उपयोग करने में सक्षम होंगे, यह मानते हुए कि उपरोक्त मॉड्यूल(module) *matrix.py* में संग्रहीत है।

```
from matrix import *

mat1 = minit(4,4,1,0)
mat2 = minit(4,4,10,2)
mprint(mat1)
mprint(mat2)

mat3 = madd(mat1,mat2)
mprint(mat3)

mat4 = mmult(mat1,mat2)
mprint(mat4)
```

उपर्युक्त प्रोग्राम का आउटपुट हैः

```
1 1 1
1 1 1
1 1 1

10 12 14
16 18 20
22 24 26

11 13 15
17 19 21
23 25 27

48 54 60
48 54 60
48 54 60
```

चार मैट्रिक्स कार्यक्रम में चार mprint कथनों के अनुरूप हैं (mat1 के लिए लाइन 5, mat2 के लिए लाइन 6, mat3 के लिए लाइन 9 जो mat1 और mat2 का जोड़ है, जबकि लाइन 12 mat4 के लिए है जो mat1 और mat2 का गुणा है)। चलो अब देखते हैं कैसे चार functions को लागू किया जाये ।

```
def minit(rows,cols,val=0,inc=0):      # using default arguments
    mat = []

    for i in range(rows):
        mat.append([])                 # create ith row

        for j in range(cols):
            mat[i].append(val)         # create jth column
            val = val + inc

    return mat

def mprint(mat):
    for i in range(len(mat)):
        for j in range(len(mat[i])):
            print(mat[i][j],'', end= '')

        print()                        # newline after every row

    print()                            # newline after the matrix

def madd(mat1,mat2):
    #TODO: check if their sizes are same.
    mat3 = []

    for i in range(0,len(mat1)):
        mat3.append([])

        for j in range(len(mat1[i])):
            mat3[i].append(mat1[i][j] + mat2[i][j])

    return mat3

def mmult(mat1,mat2):
    #TODO: check if cols of mat1 matches rows of mat2.
    mat3 = []

    for i in range(0,len(mat1)):
        mat3.append([])

        for j in range(len(mat2[0])):
            psum = 0

            for k in range(len(mat1[i])):    # triply nested loop
                psum = psum + mat1[i][k] * mat2[k][j]

            mat3[i].append(psum)

    return mat3
```

function स्व-व्याख्यात्मक(self explanatory) हैं, एक बार जब आप जानते हैं कि मैट्रिक्स जोड़ और गुणा का क्या मतलब है। एक ही पुस्तकालय पूर्णांक(int), वास्तविक(real) और जटिल(complex) संख्याओं के साथ काम करता है। उदाहरण के लिए, हम मॉड्यूल(module) का उपयोग निम्नलिखित रूप में कर सकते हैं।

mat1 = minit (4,4,1.2,0)	वास्तविक(real) संख्या
mat2 = minit(4,4,10 + 4j, 2)	#जटिल संख्याएँ
madd (mat1, mat2)	
mat4 = mult (mat1, mat2)	

3.3 पैकेज (Packages)

एक पैकेज, एक परियोजना के कई मॉड्यूल(module) को संपुटित करता है। डेटा संगठन के दृष्टिकोण से, एक मॉड्यूल(module) को *.py* फाइल में संग्रहीत किया जाता है, जबकि एक पैकेज को *.py* फाइल वाली निर्देशिका (Directory) में संग्रहीत किया जाता है। तब हम पैकेज पैक(pack) में मॉड(mod) को *pack.mod* के रूप में एक्सेस कर सकते हैं। सामान्य तौर पर, एक मॉड्यूल(module) फाइल सीधे एक पैकेज निर्देशिका के अंदर नहीं हो सकता है, लेकिन कई उपनिर्देशिकाओं के कारण इसे गहराई से Nested किया जा सकता है- उदाहरण के लिए, *pack.subdir1. subdir2.mode.* ऐसे मामलों में, *subdir1, subdir2* आदि में से प्रत्येक। सबपैकेज(subpackages) कहा जाता है। चलिए एक परियोजना के ठोस उदाहरण पर विचार करते हैं। मान लीजिए, हम एक साधारण खेल-टेक टेक-टो लागू करना चाहते हैं। एक नमूना नीचे दिया गया है। 3x3 ग्रिड में, दो प्लेयर दो प्रतीकों (जैसे, X और O) को वैकल्पिक रूप से खाली कक्षों में भरते हैं, और पहला

व्यक्ति को एक पंक्ति या एक स्तंभ(column) या एक विकर्ण(diagonal) में तीन प्रतीक मिल रहे हैं तो जीत। कभी-कभी, खेल एक ड्रॉ में समाप्त हो सकता है।

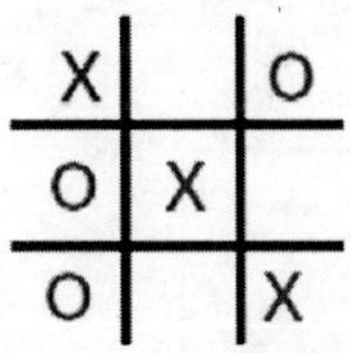

खेल को एक पैकेज के रूप में अच्छी तरह से लागू किया जा सकता है, क्योंकि इसमें कई घटक हैं। हमें एक मॉड्यूल(module) में गेम लॉजिक और दूसरे में गेम डिस्प्ले की जरूरत है। हम अधिक कार्यक्षमता(functions) जोड़ सकते हैं जैसे किसी फाइल में खेल का भंडारण करना या खिलाड़ियों के स्कोर का भंडारण करना जिसे डेटाबेस आदि से लोड किया जा सकता है। लेकिन अभी के लिए, हम अपने आप को दो उप पैकेजों के साथ शुरूआत करेंगेः तर्क(logic) और प्रदर्शन(display). इन सबपैकेजों(subpackages) में से प्रत्येक के भीतर, हमारे पास उदाहरण के लिए कई मॉड्यूल(module) हो सकते हैं, टेक्स्ट-आधारित डिस्प्ले और जीयूआई-आधारित डिस्प्ले। संपूर्ण निर्देशिका संरचना(structure) इस प्रकार हैः

```
tictactoe/                       # package
├── __init__.py                  # initializer
├── display                      # subpackage
│   ├── __init__.py              # initializer
│   ├── gui.py                   # GUI module
│   └── text.py                  # text module
├── logic                        # subpackage
│   ├── __init__.py              # initializer
│   └── twoplayer.py             # module
└── internal                     # regular directory, not a subpackage
```

बाहरी निर्देशिका मुख्य पैकेज का प्रतिनिधित्व करती है। इस प्रकार, यदि हमारे पास इस पैकेज का उपयोग करने वाला एक उपयोगकर्ता प्रोग्राम है, जैसे *ttt.py*, तो इसका कोड(code) नीचे दिया जाएगा।

```
import tictactoe

print("in ttt")
tictactoe.loadGame("text")   # Argument decides whether toload thegameinthe text GUI
```

पैकेज(package) निर्देशिका में दो उपपैकेज(subpackages) हैंः प्रदर्शन(display) और तर्क(logic). इसमें *internal* नाम की एक निर्देशिका भी है, जिसे आंतरिक(internal) लेखा-जोखा के लिए इस्तेमाल किया जा सकता है। यह एक उप-पैकेज(subpackage) नहीं है।

__init__. py, पैकेज/उपपैकेज(package/subpackage) की एक विशेष फाइल है, जो संलग्न निर्देशिका को एक पैकेज(package) के रूप में चिह्नित करता है और इसे प्रारंभ करता है। इस फाइल के बिना, निर्देशिका को पैकेज/उपपैकेज(package/subpackage)(जैसे *internal* निर्देशिका) नहीं माना जाता है | इस प्रकार, कोड(code) में *__init__.py* स्वचालित रूप से निष्पादित(executed) हो जाता है जब हम संबंधित पैकेज/उपपैकेज(package/subpackage) का आयात करते हैं। यह हमारी डेटा संरचनाओं आदि को आरंभ करने में उपयोगी हो सकता है। इस प्रकार, यदि हम *__init__.py* फाइलों में उपयुक्त print() कथन जोड़ते हैं, तो हम गेम लोड से पहले निम्नलिखित आउटपुट देखेंगे।

```
$ python3 ttt.py
in tictactoe/logic/init              # subpackage
in tictactoe/display/init            # subpackage
in tictactoe/init                    # package
in ttt                               # application
```

ध्यान दीजिए कि इनिशियलाइज़ कैसे शुरू होता है। सबसे अंदरूनी सब-पैकेजों को इनिशियलाइज़ किया जाता है और फिर बाहरी पैकेजों को इनिशियलाइज़ किया जाता है, इसके बाद ही, अनुप्रयोग(application) शुरू होता है। ऐसा इसलिए होता है क्योंकि हमारा टिकटैटो(*tictactoe*) पैकेज आंतरिकसबपैकेजों (internal subpackages) को भी आयात करता है, जो उन सबडिरेक्ट्रियों में *__init__.py* फाइलों को निष्पादित(executed) करता है।

जबकि हमारे कोड(code) को पूरी तरह से योग्य पथ(path) *package.subpack1.subpack2.* चर का उपयोग करने की आवश्यकता है, हम टाइपिग को कम करने के लिए आशुलिपि(*shorthand*) का उपयोग कर सकते हैं। उदाहरण के लिए:

```
import tictactoe.logic
import tictactoe.display.text

board = tictactoe.logic.board          # shorthand data
show = tictactoe.display.text.show     # shorthand function


...

    if board[row][col] == symbol:
        ...
    show()                             # same as tictactoe.display.text.show()
```

एक विचार जो यहां हो सकता है वह यह है कि क्या हम आयात(*import **) का उपयोग कर सकते हैं। डिफ़ॉल्ट रूप से, आयात पैकेज से सब कुछ आयात नहीं करता है, यह एक चर(variable) पर निर्भर करता है जिसे *__all__* में परिभाषित करने की आवश्यकता होती है। उदाहरण के लिए, हम *tictactoe/__init__.py* में निम्नलिखित जोड़ सकते हैं:

__all__ = [”logic”, "display”]

और आगे *__all__* variables *logic/__init__.py* और *display/__init__.py* के अंदर शामिल कर सकते हैं, केवल इन उपपैकेजों(subpackages) आयात(import *) के साथ आयात कर रहे हैं । हमें यह भी ध्यान देना चाहिए कि आम तौर पर, आयात (import) उत्पादन(production) वातावरण में एक अच्छा प्रोग्रामिग अभ्यास नहीं है, लेकिन तेजी से प्रोटोटाइपिग (prototyping) को सरल बना सकता है। हम अपने *tictactoe* कोड(code) में इम्पोर्ट से बचते हैं और सब-पैकेजों के लिए पूरी तरह से योग्य नामों का उपयोग करते हैं।

चूंकि समग्र(overall) खेल का तर्क(logic) कई लाइनों में फैली कई फाइलों में चलता है, इसलिए हम यहां पूर्ण(complete) कोड(code) दिखाने से बचेंगे। आपको पूर्ण(complete) कोड(code) के लिए इस पुस्तक के वेबपेज को देखने के लिए प्रोत्साहित किया जाता है। लेकिन हम आपको कोड(code) के निष्पादन की झलक दिखाएंगे।

```
$ python3 ttt.py
in tictactoe/logic/init
in tictactoe/display/init
in tictactoe/init
in ttt

_ _ _
_ _ _
_ _ _
Player o: 0 0
o _ _
_ _ _
_ _ _
Player X: 1 1
o _ _
_ X _
_ _ _
Player o: 2 0
o _ _
_ X _
o _ _
```

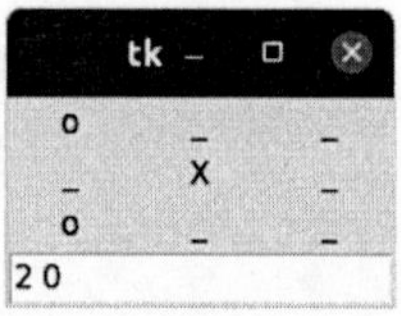


```
Player X: 2 1
o _ _
_ X _
o X _
Player o: 1 0
o _ _
o X _
o X _
Player o wins.
```

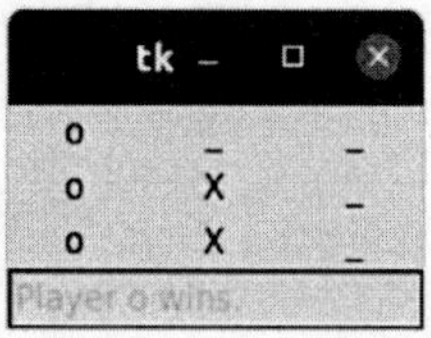

बायां टेक्स्टबॉक्स पाठ-आधारित(text-based) निष्पादन(execution) दिखाता है, जबकि दाहिने तरफ के स्क्रीनशॉट उसी प्रोग्राम के जीयूआई(GUI) आधारित निष्पादन(execution) को दिखाते हैं- *tictactoe.loadGame("text")* बनाम *tictactoe.loadGame("gui")* के अंतर(difference) के साथ। चूंकि आंतरिक(internal) प्रसंस्करण तर्क(logic) समान रहता है, हम केवल डिस्प्ले को बदलते हुए उस कार्यक्षमता का पुनः उपयोग करते हैं। कोड(code) को कई तरीकों से बढ़या जा सकता है, और हम पाठकों को संवर्द्धन का प्रयास करने के लिए प्रोत्साहित करते हैं।
सुविधा के लिए, हम नीचे टेक्स्ट और GUI आधारित संस्करणों के स्क्रीनशॉट दिखाते हैं।

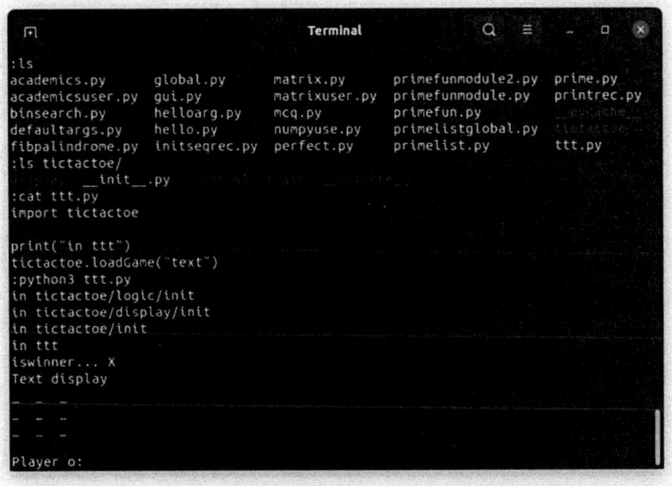

GUI Sलोड करने के लिए *ttp.py* बदलने के बाद, स्क्रीनशॉट नीचे है.

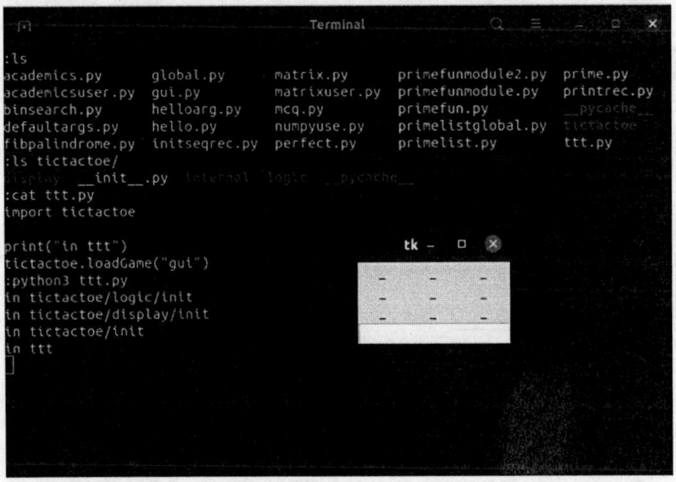

यूनिट संक्षेप (UNIT SUMMARY)

हमने पैकेजों(packages) का उपयोग करके मॉड्यूल(modules), मॉड्यूल(modules) का उपयोग करके function, और statements को समूहबद्ध करके function, के विभिन्न तरीके सीखे। इस प्रक्रिया में, हमने थोडा बडा कोड विकसित किया जो हमें अनुप्रयोगों को विकसित करने की अनुमति देता है।

एक्सरसाइज बहुविकल्पीय प्रश्न

1 निम्नलिखित प्रोग्राम का आउटपुट क्या है?

```
def swap(x, y):
    x, y = y, x
```

```
x, y = 1, 2
swap(x, y)
print(x, y)
```

A. 1 2
B. 2 1
C. 1 1
D. 2 2

2. निम्नलिखित पुनरावर्ती कोड(code) का आउटपुट क्या है?

```
def rprint(l):
    if len(l) > 0:
        rprint(l[1:])
        print(l[0], end='')

rprint([1, 2, 3, 4, 5])
```

A. 12345
B. 2345
C. 54321
D. 5432

3. n^{th} फिबोनैची संख्या(fibonacci number) की गणना करने के लिए निम्नलिखित कोड(code) पर विचार करें।

```
def fib(n):
    if n < 2: return 1
    return fib(n - 1) + fib(n - 2)
```

यदि function को fib(5) के रूप में बुलाया जाता है, तो function fib() के कुल कितने आह्वान होते हैं? यानी, कुल कितनी बार, fib() को बुलाया जाता है।

A. 5

B. 8

C. 9

D .15

4. एक फाइल *dateutil.py* पर विचार करें जिसके उपयोगी function हैं जैसे *today()*, *diff(date1,date2)*, आदि। हम *today()* इस function का प्रयोग उसी निर्देशिका में फाइल *main.py* में लिखे गए अपने प्रोग्राम में करना चाहते हैं। इसे सही तरीके से कैसे किया जाना चाहिए?

A. *dateutil* को *main.py* में आयात करें, और कॉल *dateutil.today()*.

B. चूंकि यह एक ही निर्देशिका है, इसलिए हम सीधे आयात के बिना *dateutil.today()* को कॉल कर सकते हैं।

C. *dateutil* को *main.py* में आयात करें, और *today()* कॉल करें ।

D. बिना किसी आयात(import) के *today()* सीधे कॉल करें।

5. एक पैकेज संरचना(structure) को नीचे दिया गया है।

```
application/                    # package
├── __init__.py                 # initializer
├── display                     # subpackage
│   ├── __init__.py             # initializer
│   ├── gui.py                  # GUI module
│   └── text.py                         # text module
├── logic                       # subpackage
│   ├── __init__.py             # initializer
│   └── twoplayer.py            # module
└── internal                    # regular directory, not a subpackage
```

सभी तीन *__init__.py* फाइल (application, display और logic) निर्देशिका में खाली हैं। अनुप्रयोग का प्रयोग करने वाले पायथन प्रोग्राम में निम्न आयात कथन होते हैं:

import application

कौन सी इनिशियलाइज़र फाइल उपरोक्त आयात के कारण निष्पादित(executed) की जाती हैं?

A इन तीनों में से कोई भी

B *__init__.py* केवल application में

C *__init__.py* application, display, और logic में

D. __init__.py केवल display और logic में

बहुविकल्पीय प्रश्नों के उत्तर

1 A: 1 2

2. C: 54321

3. D: 15 प्रतिशत

4. A: डेट्यूटिल को main. py में आयात करें, और कॉल *dateutil.today ().*

5 B: _ init _. py केवल अनुप्रयोग में

प्रैक्टिकल(practical)

1. हमारे *isPalindrome()* function को स्पेस और विराम के साथ काम करने के लिए विस्तारित करें (उदाहरण के लिए, "steps on no pets") !

2. संचयी(cumulative) सीजीपीए(CGPA) के अलावा सेमेस्टर-वार एसजीपीए(SGPA) की छपाई का समर्थन करने के लिए हमारे शैक्षणिक मॉड्यूल(module) को बढ़ाना । इसके अलावा, लेखापरीक्षा पाठ्यक्रमों के लिए इसे समर्थन दें, जिन्हें सूचीबद्ध किया जाना चाहिए, लेकिन इसे सीजीपीए(CGPA) में नहीं गिना जाना चाहिए।

3. अपने दोस्तों की जानकारी ट्रैक करने के लिए एक मॉड्यूल(module) बनाएँ: नाम, फोन नंबर, जन्म तिथि, मूल शहर, वेबसाइट अगर कोई है, अगर इंस्टाग्राम हैंडल मौजूद है। अब इस जानकारी को जोड़ने/संशोधित करने/मिटाने के लिए विभिन्न फंक्शनों(functions) को परिभाषित करें. आगे की समग्र कार्यक्षमता को जोड़ए, जैसे किसी दिए गए महीने में पैदा हुए दोस्तों को ढूंढना, किसी दिए गए शहर से दोस्त, आदि।

4. माउस क्लिक का उपयोग करके इनपुट लेने का समर्थन करने के लिए अपने टिकटैक्टो*(tictactoe)* अनुप्रयोग का विस्तार करें (row और column संख्या के बजाय)। इसके अलावा इसे एक खिलाडी के खेल के लिए विस्तारित करें, यानी आपका कार्यक्रम दूसरा खिलाडी होगा।

5. निम्न में से किसी एक के स्वचालन(automation) के लिए परियोजना बनाएँ: पुस्तकालय, एक सामान्य स्टोर, होटल के कमरे की बुकिग, रेस्तरां की टेबल बुकिग। उपयुक्त सब-पैकेजों और मॉड्यूल(module) के साथ इसे पैकेज के रूप में डिज़आइन करें. यदि संभव हो, तो एक टीम के रूप में काम करें ताकि विभिन्न छात्र अलग-अलग उप-पैकेज विकसित कर सकें। अपने अन्य दोस्तों में से एक से इसकी कार्यक्षमता का परीक्षण(test) करने के लिए पूछें.

आगे पढ़ने के लिए QR code

4. फ़ाइलें और नियमित अभिव्यक्तियाँ

यूनिट स्पेशिफिक्स

इस यूनिट के माध्यम से हम निम्नलिखित पहलुओं पर चर्चा करते हैं:

◆फाइल से डेटा भंडारित और पुनर्प्राप्त करना

◆ पाठ(Text) संसाधन

◆ नियमित एक्सप्रेशन (regular expression) के साथ पैटर्न मेल करना

अनुपात (RATIONALE)

अगर हम चाहते हैं कि हमारे डेटा को हमारे पायथन प्रोग्राम के कई इनवोशन में बनाए रखा जाए, तो हमें इसे एक स्थायी भंडारण जैसे डिस्क पर स्टोर करने की आवश्यकता होगी। इस मॉड्यूल(module) में हम हार्ड डिस्क पर फाइलों को पढ़ने और लिखने का अध्ययन करेंगे। इसके अलावा, हम टेक्स्ट (text) के प्रसंस्करण के लिए विभिन्न स्ट्रिगफंक्शन (string functions) का उपयोग करने में भी सक्षम होंगे-जो पाइथन (Python) का उपयोग करने के लिए एक आम परिदृश्य है। स्ट्रिग(string) प्रोसेसिग स्वाभाविक रूप से एक पैटर्न को निर्दिष्ट करने के लिए ले जाता है, जिसे नियमित अभिव्यक्ति का उपयोग करके संक्षिप्त रूप से वर्णित किया जा सकता है, जो इस यूनिट का अंतिम हिस्सा होगा।

PRE-REQUISITES

यूनिट 1 और 2

UNIT OUTCOMES

इस यूनिट के परिणामों की सूची इस प्रकार है:

U4-O1: *Read an existing file and write to a file programmatically*
U4-O2: *Process text in various applications*
U4-O3: *Match a text with a given regular expression*

Unit-3 Outcomes	EXPECTED MAPPING WITH COURSE OUTCOMES (1- Weak Correlation; 2- Medium correlation; 3- Strong Correlation)					
	CO-1	CO-2	CO-3	CO-4	CO-5	CO-6
U4-O1	3	3	3	-	3	1
U4-O2	1	1	2	2	1	-
U4-O3	2	1	3	1	2	1

अब तक, जो कुछ भी हमने चर (variable) में संग्रहीत किया था वह हमारे पायथन प्रोग्राम के निष्पादन के बाद अनुपलब्ध था। इसके विपरीत, यदि आप पायथन प्रोग्राम को देखते हैं जो आपने लिखा है, आप इसे *file.py* फाइल में देख सकते हैं। क्या फर्क है? चरों(variable) को कंप्यूटर(computer) की अस्थायी स्मृति(memory) में संग्रहीत किया जाता है, जबकि प्रोग्राम को डिस्क पर एक फाइल के रुप में संग्रहीत किया जाता है, जो एक स्थायी भंडारण है। इसलिए, अगर

कंप्यूटर(computer) फिर से शुरू होता है, तो भी फाइल उपलब्ध रहती है। हम इन फाइलों को प्रोग्रामेटिक रूप से एक्सेस करना चाहते हैं।

4.1 फाइल इनपुट/आउटपुट (File Input/Output)

एक लिनक्स टर्मिनल में, एक फाइल की सामग्री को मुद्रित(print) करने के लिए cat कमांड है, जिसका उपयोग निम्नलिखित रूप में किया जा सकता है:

```
$ ls                        # In Windows terminal: dir
hello.txt
$ cat hello.txt             # In Windows terminal: type
This is a text file.
It contains four lines.
```

The third line is empty

चलो इस सुविधा को लागू करते हैं।

उदाहरणः फाइल की सामग्री(content) मुद्रित(print) करें.

```
1 myfile = open("hello.txt")      # open the file for reading
2
3 for line in myfile:
4     print(line)
5
6 myfile.close()                  # close the file
```

एक फाइल को लाइन 1 में प्रसंस्करण(Processing) के लिए खोला जाता है (ऑपरेटिग सिस्टम संसाधनों को सेट अप करता है जिसका उपयोग करके फाइल को एक्सेस किया जा सकता है), (लाइन 3) प्रोसेस किया जाता है, और लाइन 6 में बंद किया जाता है (ऑपरेटिग सिस्टम को संसाधनों को रिलीज करने की अनुमति देता है)।

क्या आप उपरोक्त प्रोग्राम के आउटपुट का अनुमान लगा सकते हैं? खैर, यह एक व्यक्ति की उम्मीद से अधिक हो सकता है।

```
This is a text file.
It contains four lines.

The third line is empty.
```

ऐसा इसलिए है क्योंकि फाइल में पहले से ही प्रत्येक पंक्ति के बाद एक नई पंक्ति होती है, और ***print()*** एक और जोड़ता है। हम जानते हैं कि इसे कैसे ठीक करना है (इसे आजमाएं)।

यह अच्छा होगा अगर हम प्रोग्राम में हार्डकोडिग या उपयोगकर्ता को हर बार प्रेरित करने के बजाय कमांड-लाइन पर फाइल नाम *(hello.txt)* प्रदान कर सकते हैं।

```
$ python3 cat.py hello.txt

This is a text file.
It contains four lines.

The third line is empty.
```

कमांड लाइन तर्क तक पहुंचने के लिए, हम sys.argv का उपयोग कर सकते हैं। यह चर(variable) उन तर्कों की सूची है जो हम पायथन दुभाषिया(interpreter) का आह्वान करते समय देते हैं। "इस प्रकार, argv[0] *"cat.py"* "है और argv[1] *"hello.txt"*

```
import sys

myfile=open(sys.argv[1])                    #argv[1]contain the second argument
 for line in myfile:
  print(line,end='')

  myfile.close

```

हम अन्य पाठ संचिकाओं पर भी इस नए प्रोग्राम का प्रयोग कर सकते हैं। उदाहरण के लिए:

```
$ python3 cat.py ../unit1/power.py                    # our program using **
operator
print(5 + 3 / 4 - 2)
print(3.1*3.2**3.3)
print(1234%10)
```

ध्यान दें कि चूंकि *power.py* दूसरी निर्देशिका में है, इसलिए हमने एक सापेक्ष पथ(relative path) प्रदान किया है।
उदाहरण: एक फाइल की नक़ल लें.
हम एक फाइल की एक प्रति बनाना चाहते हैं। इस प्रकार, हमारे पायथन प्रोग्राम को चलाने के बाद दोनों फाइलों की सामग्री समान होनी चाहिए। हम इसे इस प्रकार function आन्वित करना चाहते हैं:

```
$ ls
cat.py   cp.py   hello.txt                              # initially there are three files.

$ python3 cat.py hello.txt
This is a text file.
It contains four lines.

The third line is empty.

$ python3 cp.py hello.txt hellodup.txt                  # copies file, does not print
anything

$ ls
cat.py   cp.py   hello.txt   hellodup.txt               # now there are four.

$ python3 cat.py hellodup.txt
This is a text file.
It contains four lines.

The third line is empty.
```

हम जानते हैं कि किसी फाइल को कैसे पढ़ना है और कमांड लाइन तर्क का उपयोग कैसे करना है। लेकिन हम नहीं जानते कि फाइल में कैसे लिखना है। *open()* function के लिए इसे दूसरे तर्क (argument) की आवश्यकता है.

पिछला कनेक्टः दूसरा तर्क(argument) डिफ़ॉल्ट तर्क(default argument) का उपयोग करके वैकल्पिक बनाया जा सकता है।

```python
import sys

infile=open(sys.argv[1],'r')          # open for reading
outfile=open(sys.argv[2],'w')         # open for writing

for line in infile:                   #read
    print(line,file=outfile,end='')   # write

  infile.close()
  outfile.close()
```

आपने अनुमान लगाया होगा क्यों हम *cp.py* के रूप में अपने कार्यक्रम का नाम दिया लिनक्स (Linux) के पास फाइलों की प्रतिलिपि बनाने के लिए उस नाम का एक आदेश(Command) है।

उदाहरणः text को शब्दों में विभाजित करें |

हमें एक टेक्स्ट(text) फाइल *textin.txt* दिया जाता है जिसमें निम्नलिखित सामग्री(content) है।

```
Lexical analyzer groups a sequence of characters into tokens.
Syntax analyzer checks if these tokens adhere to a grammar syntax.
```

हम इसे शब्दों में विभाजित करना चाहते हैं, और इसे एक अन्य फाइल *textout.txt* में संग्रहीत करना चाहते हैं, इस प्रकार।

```
1: Lexical
2: analyzer
3: groups
4: a
5: sequence
6: of
7: characters
8: into
9: tokens
10: Syntax
11: analyzer
12: checks
13: if
14: these
15: tokens
16: adhere
17: to
18: a
19: grammar
20: syntax.
```

हम इस प्रकार अपने कार्यक्रम का आह्वान(invoke) करना चाहेंगे।

```
$ python3 file-split.py textin.txt textout.txt
```

हम इस तरह का प्रोग्राम कैसे लिखते हैं? सबसे पहले, हमें फाइलों को पढ़ने और लिखने और कमांड लाइन तर्कों(arguments) को संभालने की आवश्यकता है, जैसा कि हमने अभी किया था। इसके अलावा, हमें एक विभाजक के रूप में स्थान का उपयोग करके शब्दों में एक पंक्ति को विभाजित करने के लिए स्ट्रिग प्रोसेसिग (string processing) की आवश्यकता है। संख्या(number) शब्द(word) को छापने के लिए, हमें एक पंक्ति के शब्दों पर जाने के लिए एक पुनरावृत्तीय तरीके की आवश्यकता है।

```
1  import sys
2
3  infile=open(sys.argv[1],'r')      # textin.txt
4  outfile=open(sys.argv[2],'w')     # textout.txt
5  ii = 1                            # word number
6
7  for line in infile:
8    words=line.split()
9
10   for ww in words:
11     print(ii,ww,file=outfile,sep=':')
12     ii=ii+1                           # word number update
13
14 infile.close()
15 outfile.close()
```

रेखाएँ 7 और 10 में समानता पर गौर कीजिए। पहला एक फाइल की सभी पंक्तियों को पार कर जाता है, जबकि दूसरा शब्दों के अनुक्रम(sequence) में सभी शब्दों को पार कर जाता है। लाइन 8 पर function *split()* एक स्ट्रिंग(string) से शब्द-अनुक्रम(word sequence) बनाता है।

आप देख सकते हैं कि पाइथन में इस तरह की साधारण उपयोगिताओं को लिखना मुश्किल नहीं है। एक बार जब आप जानते हैं कि इसे कैसे करना है, तो यह सही फंक्शनों को खोजने का मामला है। निःसंदेह, प्रोग्राम को सर्वोत्तम संभव(possible) तरीके से लिखने के लिए काफी अभ्यास की ज़रूरत होती है।

उदाहरणः वाक्य बनाने के लिए शब्दों को जोड़इये ।

चलो अब तक जो किया उस के विपरीत(opposite) करें। एक फाइल *textout.txt,* जिसमें शब्द संख्या(word number) के पहले प्रति पंक्ति एक शब्द(word) होता है, क्या हम मूल फाइल *textin.txt* को वापस (लगभग) उत्पन्न कर सकते हैं?

इस तरह के एक प्रसंस्करण के लिए हमें पिछले उदाहरण के समान फाइल हैंडलिग की आवश्यकता होती है, पढ़ने और लिखने के लिए उलट दो फाइलों की भूमिकाओं को छोड़कर। इसके अलावा, हमें प्रत्येक शब्द(word) को संख्या(number) से अलग करने की आवश्यकता है, सभी शब्दों को संयोजित करना है, सिवाय तब जब पूर्ण विराम दिखाई देता है। अपनी संख्या(number) से एक शब्द(word) को अलग करने को कई तरीकों से किया जा सकता है, उनमें से एक *split()* का उपयोग कर रहा है, और स्ट्रिंग(string) '+' ऑपरेटर का उपयोग करके समन्वित किया जा सकता है। हम कैसे जांचते हैं कि स्ट्रिंग(string) में फुल-स्टॉप है या नहीं?

```
1  import sys
2
3  infile=open(sys.argv[1],'r')
4  outfile=open(sys.argv[2],'w')
5
6  outline=''                                  #empty string
7
8  for line in infile:
9      words=line.strip().split(':')
10     outline = outline + words[1] + "" #one line,operator+joins strings
11
12   if "." in words[1]:                     #found the full-stop
13     print(outline,file=outfile)
14     outline=''
15
16 infile.close()
17 outfile.close()
```

लाइन 8 का Loop इनपुट फाइल की सभी लाइनों पर जाता है। प्रत्येक पंक्ति (संख्या(number) और शब्द(word) सहित) में एक नई पंक्ति भी होती है, जिसे हम एक फंक्शन *strip()* का उपयोग करके हटा देते हैं। यह प्रकार्य(function) किसी पूर्ववर्ती रिक्त(Empty) स्थान और टैब(Tab) (जो हमारे फाइल में नहीं हैं) को भी हटाता है। इसके बाद हम संख्या(number) और शब्द(word) को *split()* का उपयोग करके अलग करते हैं। ध्यान दें कि *strip()* का आउटपुट कैसे *split()* के लिए एक इनपुट के रूप(form) में काम करता है। विभाजन के बाद, शब्द(word) को words[1] में संग्रहीत किया जाता है, जिसे हम लाइन 12 में उपयोग करते हैं। एक बड़ी स्ट्रिंग(string) में एक सबस्ट्रिंग(substring) मौजूद है या नहीं की जाँच के वाक्यविन्यास(Syntax) पर ध्यान दें.

Discussion: आउटपुट का रिवर्सल परफेक्ट नहीं है। यदि एक पंक्ति के बीच में एक बिदु है, तो हमारा प्रोग्राम इसे कई वाक्यों में विभाजित करेगा (जैसे, cse.iitm.ac.in)

एक नई लाइन का पालन करेंगे)। हम प्रोग्राम को यह जांचने के लिए संशोधित कर सकते हैं कि क्या एक शब्द(word) बिदु(dot) में समाप्त होता है। लेकिन ऐसे शब्द(word) होंगे जो मुद्दों का कारण बनेंगे (उदा. इस लाइन में e.g.).

एक साथ पढ़ना और लिखना

फाइल को खोलते समय उसे पढ़ना और उस पर लिखना भी संभव(possible) है। हमें अपने इरादे को ऑपरेटिंग सिस्टम तक पहुंचाने की आवश्यकता है कि हम फाइल को पढ़ने और लिखने दोनों के लिए खोलना चाहते हैं। इसे हम एक उदाहरण से स्पष्ट करते हैं।

उदाहरणः किसी फाइल में 'mispelt' शब्द(word) की सभी आवृत्तियों को 'misspelt' शब्द(word) से बदलें.

यह साधारण उपयोगिता(utility) हमें फाइल संचालन के कई पहलू सिखाती है। इस समस्या को कई तरीकों से हल किया जा सकता है। लेकिन पहले एक तरीका देखें जो काम नहीं करता है।

```
1 import sys
2
3 myfile=open(sys.argv[1],'r+')            #read+write
4
5 for line in myfile:
6     modline=line.replace('mispelt','misspelt')
7     print(modline,file=myfile,end=")
8
9 myfile.close
```

चलो इस गलत कोड को समझते हैं। हम फाइल को पंक्ति(line) 3 में read-write मोड((r+ conveys read-write mode) में खोलते हैं। तब हम प्रत्येक पंक्ति पर पहले की तरह जाते हैं (line 5), और उस पंक्ति में एक शब्द(word) की सभी आवृत्तियों को दूसरे के साथ बदल देते हैं और संशोधित रेखा(line) को *modline* चर(variable) (line 6) में संग्रहीत करते हैं। हम इस संशोधित स्ट्रिंग(string) को फाइल(line 7) में लिखते हैं।

इनपुट फाइल में निम्न पाठ के लिए:

```
If a word is mispelt it will be corrected.
This is the second line, which also contains mispelt word.
This is the third line.
```

संशोधित फाइल है:

```
If a word is mispelt it will be corrected.
```

```
This is the second line, which also contains mispelt word.
This is the third line.
If a word is misspelt it will be corrected.
```

आगे पढ़े बिना, यह जानने की कोशिश कीजिए कि ऐसा क्यों हो सकता है। इसके अलावा, आपको कोशिश करने के लिए बहुत प्रोत्साहित किया जाता है कि क्या आप अपनी मशीन पर इसी तरह का व्यवहार देखते हैं।

इस अजीब व्यवहार को समझने के लिए, हमें पहले यह जानने की आवश्यकता है कि फाइल इनपुट/आउटपुट बफर(buffer) किया गया है। इसका मतलब यह है कि ऑपरेटिग सिस्टम डिस्क बाइट-बाई-बाइट पर फाइल को नहीं, बल्कि एक बड़े हिस्से के रूप में पढ़ने जा रहा है। इस खंड को एक बफर(buffer) में कॉपी किया जाता है, जो अनिवार्य रूप से एक निश्चित आकार की सारणी(array) होती है। कितना बफर(buffer) हमने पढा या लिखा है एक संकेतक (या स|रणी ऑफसेट) का उपयोग करके ट्रैक किया जाता है। इसलिए, जब हम किसी फाइल में एक पंक्ति पढ़ते/लिखते हैं, तो यह पॉइंटर, जिसे अक्सर फाइल पॉइंटर कहा जाता है, आगे बढ़ता है। जब तक ऑपरेशन इस बफर(buffer) के अंदर किया जा रहा है, तब तक आगे डिस्क प्रोसेसिग से बचा जाता है (क्योंकि स्मृति में इस बफर(buffer) को एक्सेस करने की तुलना में डिस्क एक्सेस महंगा है). यदि

हम इस बफर(buffer) से आगे पढ़ते हैं, तो डेटा (data) का अगला हिस्सा डिस्क से दूसरे बफर(buffer) में लाया जाता है और यह प्रक्रिया जारी रहती है। ऑपरेटिंग सिस्टम भी फाइल के आकार को जानता है। तो यह मौजूदा फाइल आकार से आगे पढ़ने की अनुमति नहीं देता है.

अब वापस आते हैं और उपरोक्त गलत कार्यक्रम के उत्पादन का विश्लेषण करते हैं। लाइन 5 के कारण, ऑपरेटिंग सिस्टम पहले से ही अपने बफर(buffer) में तीन लाइनों को पढ़ चुका है (नई लाइन अक्षरों सहित). यह बफर(buffer) पंक्ति-दर-पंक्ति संसाधित होता है जब हम केवल फाइल से पढ़ते हैं। लेकिन चूंकि हम पंक्ति 7 में भी लिखते हैं, यह फ़ाइल के अंत में लिखता है (क्योंकि तीन लाइनें पहले ही पढ़ी जा चुकी हैं)। यह संशोधित फाइल में चौथी पंक्ति जोड़ता है और फाइल का आकार बढ़ता है। लेकिन इस लेखन के कारण फाइल प्वाइंटर कहां इंगित करता है? यह चौथे वाक्य के अंत में है, जो फाइल का अंत है। इसलिए, Loop की अगली पुनरावृत्ति(iteration) नहीं होती है (आप देख सकते हैं कि Loop में एक संदेश(message) छापकर) और Loop खत्म हो जाता है। संशोधित फाइल को लाइन 9 पर बंद कर दिया जाता है (जो ऑपरेटिंग सिस्टम को संशोधित बफर(buffer) को डिस्क पर फाइल में डंप कर देता है, अगर पहले से ही नहीं किया गया है).

हम इसे कैसे ठीक कर सकते हैं? स्पष्ट रूप से, जो शब्द(word) हमने पहले पढ़| है उसे संशोधित करने के लिए, फाइल सूचक को फाइल में वापस जाने और उस शब्द(word) को फिर से लिखने की आवश्यकता होती है। यह *seek()* नामक एक function का उपयोग करके किया जाता है। तो हमारा दूसरा प्रयास है इसका उपयोग करने के लिए फाइल सूचक को स्थानांतरित करने के लिए।

```
1  import sys
2
3  myfile=open(sys.argv[1],'r+')
4
5  for line in myfile:
6      modline=line.replace('mispelt','misspelt')
7      curoff = myfile.tell()          # current file pointer
8      myfile.seek(curoff-len(line))
9      print(modline, file = myfile, end='')
10
11 myfile.close
```

पंक्ति 7 वर्तमान संकेतक प्राप्त करता है (यह फाइल की शुरुआत से बाइट्स की संख्या(number) है). इसके बाद हम ***seek()*** (line 8) का उपयोग करके पंक्ति को पढ़ने से पहले इसकी स्थिति में वापस जाने की कोशिश करते हैं और फिर पहले पढ़ी गई पंक्ति के ऊपर लिखने का प्रयास करते हुए वहाँ संशोधित पंक्ति (line 9) लिखते हैं।

जबकि हमारी नई प्रोसेसिग लाइन्स 7 और 8 में उपयोगी है, इस तरह की पूरी फाइल पुनरावृत्ति(iteration) (line 5) के साथ इसकी अनुमति नहीं है। पायथन इंटरप्रेटर निम्न त्रुटि को फ्लैग करता है:

```
Traceback (most recent call last):
  File "textcorrect.py", line 7, in <module>
        curoff = myfile.tell()
OSError: telling position disabled by next() call
```

इसका मुकाबला करने के लिए, हमें फाइल से एक पंक्ति को स्पष्ट रूप से पढ़ने की आवश्यकता होगी। यह *readline()* function का उपयोग करके किया जाता है.

```
1  import sys
2
3  myfile = open(sys.argv[1], 'r+')
4  line = myfile.readline()
5
6  while line:
7      modline = line.replace('mispelt', 'misspelt')
8      curoff = myfile.tell()
9      myfile.seek(curoff - len(line))
10     myfile.write(modline)
11     print("Current position:", myfile.tell())
12     line = myfile.readline()
13
14 myfile.close()
```

फंक्शन *readline()* का प्रयोग Loop की स्थिति (line 6) से पहले किया जाता है। यह पता लगाने के लिए कि फाइल-पॉइंटर फाइल के अंत तक पहुंच गया है, हमें एक अतिरिक्त *readline()* को निष्पादित(executed) करने की आवश्यकता है। इस प्रकार, यदि एक फाइल में 10 पंक्तियां होती हैं, तो हमें *readline()* के 11 उदाहरणों की आवश्यकता होती है, केवल अंतिम एक खाली स्ट्रिंग(string) को लौटाता है। बाकी कोड(code) वही रहेगा।

आगे पढ़ने से पहले, क्या आप आउटपुट के संबंध में इस कोड(code) में एक मुद्दा देख सकते हैं?

दुर्भाग्य से उत्पादन उम्मीद के मुताबिक नहीं हो रहा है।

```
If a word is misspelt it will be corrected.
his is the second line, which also contains misspelt word.
his is the third line.
```

जबकि दो शब्दों को सही किया गया है, यह लाइनों की शुरुआत में एक समस्या पैदा करता है: T गुम हो जाता है। क्यों? ऐसा इसलिए होता है क्योंकि नया शब्द(word) गलत वर्तनी पुराने अक्षर की तुलना में लंबा है। इसलिए, जब हम लाइन 10 में संशोधित लाइन लिखते हैं, तो यह अगली लाइन के एक अक्षर के ऊपर लिखता है। हम इसे नीचे चित्रमय रूप में दिखाते हैं।

...	m	i	s	p	e	l	t		i	t		w	...	e	d	.	\n	T	h	i

यह बफर(buffer) यहाँ परिवर्धित होता है:

...	m	i	s	s	p	e	l	t		i	t		w	...	e	d	.	\n	h	i

इसी तरह की समस्या अगली पंक्ति में भी है। इस प्रकार, हमारे सामान्य चर (जैसे स्ट्रिंग(string) और अनुक्रम) के विपरीत(unlike), हम एक फाइल के बीच पाठ(text) प्रविष्ट नहीं कर सकते हैं। हमें मिटाकर लिखना पड़गा। दूसरे शब्दों में, उपर्युक्त कार्यक्रम तभी काम करता है जब पुराना

और संशोधित पाठ(text) समान लंबाई का है। जब नया पाठ मूल पाठ से छोटा होता है तब क्या होता है? आप जवाब का पता लगाने के लिए फिर से ऊपर दिए गए सचित्र बफर(buffer) प्रतिनिधित्व का उपयोग कर सकते हैं।

क्या हम इस समस्या का समाधान नहीं कर सकते? हम कर सकते हैं. पंक्ति-दर-पंक्ति पढ़ने के बजाय, अगर हम एक साथ पूरी फाइल पढ़ सकते हैं, तो हम शब्द(word) की सभी घटनाओं को बदल सकते हैं और सभी संशोधित सामग्री को एक बार में लिख सकते हैं। यह एक ***read()*** function का उपयोग करके किया जाता है।

```
1 import sys
2
3 myfile=open(sys.argv[1],'r+')
4 alllines=myfile.read()
5 modline=allline.replace('mispelt','misspelt')
6 myfile.seek(0)                           # go to the start of the file
7 myfile.write(modlines)
8 myfile.close()
```

लाइन 4 पूरी फाइल को ऑललाइन चर (variable) में पढ़ता है, जिस पर हम खोज और प्रतिस्थापन (line 5) करते हैं। हम फाइल प्वाइंटर को लाइन 6 में फाइल की शुरुआत में ले जाते हैं, और पंक्ति 7 में संशोधित लाइनों को लिखते हैं।

आपके पास एक वैकल्पिक विचार हो सकता है कि पंक्ति 6 में ***seek()*** के बजाय, क्या हम फाइल को बंद नहीं कर सकते हैं, इसे 'w' मोड में खोलकर, और संशोधित सामग्री नहीं लिख सकते हैं? हां, यह संभव भी है।

एक अन्य विकल्प एक अलग आउटपुट फाइल का उपयोग करना है। इस प्रकार, हम स्रोत फाइल से एक Loop में पंक्तियां पढ़ते हैं, और गंतव्य फाइल में संशोधित पंक्तियां लिखते हैं। इस तरह के मामले में, हम हमेशा एण्ड-ऑफ-फाइल का विस्तार करते रहेंगे (इसे फाइल के परिशिष्ट(appending) के रूप में भी जाना जाता है) और इसकी तलाश करने की आवश्यकता नहीं है। गंतव्य संचिका को तब मूल स्रोत संचिका में कॉपी किया जा सकता है (हमारा *cp.py* उपयोगी हो सकता है)।

फाइल खोलने का मोड

पायथन कई तरीकों का समर्थन करता है जिसमें फाइलों को खोला जा सकता है। हम उन्हें नीचे सूचीबद्ध करते हैं।

Mode	Meaning	If the file doesn't exist?	If the file exists?
r	Read-only (default)	Returns error	Normal operation
w	Write-only	A new one is created	It is truncated to empty file first

r+	Read-Write	Returns error	Normal operation
w+	Read-Write	A new one is created	It is truncated to empty file first
a	Append	A new one is created	Writing starts at the end of file
x	Write Exclusive	A new one is created	Error

इसके अलावा, यह निर्दिष्ट किया जा सकता है कि फाइल डेटा पाठ(text) होगा या बाइनरी रूप में। पाठ(text) रूप में, एक संख्या(number) 100 को तीन बाइट्स (1,0,0) के रूप में लिखा जाएगा, जबकि बाइनरी में, संख्या(number) को उपयुक्त बिट पैटर्न (0x000064) के साथ चार बाइट्स वाले पूर्णांक के रूप में संग्रहीत किया जा सकता है। इस मोड को ऊपर दिए गए किसी भी प्राथमिक मोड के साथ जोडा जा सकता है। नीचे कुछ उदाहरण दिए गए हैं।

Mode	Meaning	If the file doesn't exist?	If the file exists?
rb	Read-Binary	Returns error	Normal operation
wt+	Read- Write-Text	A new one is created	It is truncated to empty file first

पिछला कनेक्टः हम अपने अकादमिक रिकॉर्ड को एक फाइल में स्टोर कर सकते हैं।

उदाहरणः एक फाइल से शैक्षणिक रिकॉर्ड प्राप्त करें और सीजीपीए की गणना करें.

हमारे अकादमिक मॉड्यूल(module) को याद करें जिसमें हमने अपने पाठ्यक्रमों, कुल अंकों और अर्जित क्रेडिट का ट्रैक रखा था। हमारे कार्यक्रम(program) ने इस शैक्षणिक रिकॉर्ड को हार्डकोड किया था। आदर्श रूप से, इस डेटा (अकादमिक रिकॉर्ड) को कार्यक्षमता (हमारा पायथन प्रोग्राम) से अलग रखा जाना चाहिए। हम इस डेटा को एक फाइल *(academics.txt)* में संग्रहीत कर सकते हैं, जिसमें सेमेस्टर को एक खाली पंक्ति द्वारा अलग किया जाता है।

```
CS1100 9 10
CS1200 12 9
AM1100 9 9
                              # empty line to indicate end of semester
CS2200 12 10
CS2310 6 10
CS2710 6 9
                              # this empty line is required
```

दिलचस्प बात यह है कि हमारी *academics.py* मॉड्यूल(module) समान रह सकता है। हम केवल इस डेटा को पढ़ने के लिए *academicsuser.py* को संशोधित कर सकते हैं, सूचियों को academic मॉड्यूल(module) में इकट्ठा कर, सीजीपीए गणना का आह्वान करे | एक नमूना(Sample) run इस प्रकार होगा।

```
$ python3 academicsuser.py academics.txt
course credits earned
CS1100 9 10
CS1200 12 9
AM1100 9 9
This Sem CGPA: 9.3

course credits earned
CS1100 9 10
CS1200 12 9
AM1100 9 9
CS2200 12 10
CS2310 6 10
CS2710 6 9
This Sem CGPA: 9.5
```

क्या आप academicsuper.py प्रोग्राम लिख सकते हैं? हम इसे प्रस्तुत करते हैं और नीचे चर्चा करते हैं।

```
1  import sys
2  from academics import *
3
4  acadfile = open(sys.argv[1])
5
6  for line in acadfile:
7      if line == '\n':
8          cprint()
9          print("This Sem CGPA:", cgpa(), "\n")
10     else:
11         cc, cr ea = line.split()
12         add(cc, int(cr), int(ea))
13
14 acadfile.close()
```

हम पहले argv के लिए sys आयात करते हैं, और फिर हमारे मॉड्यूल (module) *academics* (lines 1 और 2) से सभी function । हम लाइन 4 में कमांड लाइन पर निर्दिष्ट फाइल खोलते हैं। हम पंक्ति 6 में पाश(loop) में फ़आइल में प्रत्येक पंक्ति को संसाधित करते हैं। यदि रेखा(line) रिक्त है, तो यह एक सेमेस्टर के अंत को इंगित करती है। इसलिए, हम अकादमिक रिकॉर्ड और सीजीपीए (if block) प्रिंट करते हैं। अन्यथा, हम लाइन को पाठ्यक्रम संख्या(number), क्रेडिट और अर्जित अंकों में विभाजित करते हैं और उन्हें अपने आंतरिक(internal) रिकॉर्ड (अन्यथा ब्लॉक) में जोड़ते हैं, जिसका उपयोग बाद में सीजीपीए (CGPA) गणना के लिए किया जाएगा। हम अंत में पंक्ति 14 में फ़|इल बंद कर देते हैं।

उदाहरणः दोस्तों की जानकारी पर नज़र रखें।

हम दोस्तों का ट्रैक रखने के लिए फाइलों का उपयोग करना चाहते हैं। एक मित्र एक नाम और संबंधित जानकारी के साथ जुड़| होता है। हम फोन नंबर और गिटहब हैंडल पर नजर रखेंगे। दोस्त मॉड्यूल(module) निम्नलिखित का समर्थन करने के लिए API प्रदान कर सकते हैं:

Function	Remarks
add(name, phone, github)	Add a new friend
remove(name, phone, github)	Remove a friend
updatePhone(name, phone)	Update phone number of a friend
updateGithub(name, github)	Update github handle of a friend
printByName(name)	Print information of a friend
printAll()	Print information of all the friends
readAll()	Read information of friends from a datafile
writeAll()	Write information of friends to the datafile

तब हम इन API functions को निम्नलिखित रूप में कह सकते हैं।

```
1  add("Somesh","9934242312","ssomesh")
2  add("Shouvick","+91-8342998727","shouvickmondal")
3  add("Jyoti Krishna","22574374","jk")
4  printAll()
5  writeAll()
6
7  readAll()
8  remove("Somesh")
9  writeAll()
10
11 readAll()
12 printAll()
```

हम इस प्रोग्राम का आउटपुट होने की उम्मीद करते हैं:

```
Somesh 9934242312 ssomesh
Shouvick +91-8342998727 shouvickmondal
Jyothi Krishna 22574374 jk

Shouvick +91-8342998727 shouvickmondal
Jyothi Krishna 22574374 jk
```

जहां पहली तीन पंक्तियां लाइन 4 के ***printAll()*** के कारण मुद्रित(print) होती हैं, जबकि अंतिम दो पंक्तियां लाइन 12 में एक ही function के कारण मुद्रित(print) होती हैं। यदि हम इस प्रक्रिया के अंत में डेटाफाइल की सामग्री को मुद्रित(print) करते हैं, तो उन्हें निम्नानुसार दिखना चाहिए:

```
Shouvick    +91-8342998727    shouvickmondal
Jyothi Krishna    22574374    jk
```

क्या आप अब इन API को लागू कर सकते हैं?

आइए पहले तय करते हैं कि जानकारी को कैसे स्टोर किया जाए। जैसा कि API द्वारा नोट किया गया है, एक दोस्त के नाम का उपयोग एक कुंजी के रूप में किया जाता है। इसलिए, हम दो शब्दकोश(dictionary) का उपयोग करके जानकारी संग्रहीत कर सकते हैं: फोन और मोबाइल. दोस्तों की जानकारी के लिए अपडेट इन शब्दकोश(dictionary) में होता है। जब उपयोगकर्ता अद्यतन के साथ किया जाता है, तो सभी वर्तमान डेटा को *writeAll()* का उपयोग करके डेटाफाइल में डंप किया जा सकता है। एक *readAll()* से पहले, हमें यह सुनिश्चित करने की आवश्यकता है कि शब्दकोश(dictionary)खाली हैं। इस प्रकार, हमारे मित्रों के मॉड्यूल(module) को इस प्रकार लिखा जा सकता है।

```
phones={}   #name is the key
githubs={}    #name is the key
datafile="friends.txt"

def add(name,phone,github):
  phones[name]-phone
  githubs[name]=github

def remove(name):
  del(phones[name])
  del(githubs[nam])

def updatePhone(name,phone):
  phones[name]-phone

def updateGithub(name,github):
  githubs[name]=github

 def get(name):
  return |name,phones|name|githubs|name||      #List

 def printOne(name.phone,github):
  print(name,phone,github)

def printOneList(npg):
  printOne(*npg)

def printByName(name):
  printOneList(get(name))

def printAll():
  for name in phones:
    printByName(name)

def writeAll():
  global datafile

```

```
38 df = open(datafile,'w')
39 for name in phones:
40     print(name,phones[name],githubs[name],file=df,sep=\t')
41 df.close()
42 
43 def readAll():
44     phones={}
45     githubs={}
46 
47     global datafile
48     df=open(datafile)
49     line=df.readline()
50 
51     while not line == '':
52         name,phone,github=line.strip().split('\L')
53         add(name,phone,github)
54       line=df.readline()
55 
56     df.close()
```

अधिकांश function छोटे और सीधे हैं, जो दो शब्दकोश(dictionary) तक पहुंचते हैं। हम ***writeAll()*** और ***readAll()*** function पर ध्यान केंद्रित करते हैं, जो फाइल हैंडलिग से संबंधित हैं। हम वैश्विक रूप(form) से परिभाषित डेटाफाइल (line 36) का उपयोग करते हैं। इस फाइल को लिखने के लिए खोला गया है (line 37 प्रत्येक दोस्त की जानकारी के लिए, हम इसे line 40 में इस फाइल में टैब-अलग तरीके से प्रिंट करते हैं (हम स्पेस-सेपरेटेड मूल्यों से बचते हैं क्योंकि नाम में स्पेस हो सकते हैं)। function ***readAll()*** फोन और githubs शब्दकोश(dictionary) खाली करने के साथ शुरू होता है (lines 44 और 45)। पंक्ति 51 पर Loop डेटा फाइल में सभी पंक्तिओं के माध्यम से चला जाता है। हम ***strip()*** का उपयोग नई पंक्ति को हटाने के लिए करते हैं, और तीन इकाइयों (line 52) को अलग करने के लिए टैब पर विभाजित करते हैं, जिन्हें फिर शब्दकोश(dictionary) (line 53) में जोडा जाता है।

4. 2 पाठ संसाधन

पायथन अन्य पहलुओं के साथ text डेटा के प्रसंस्करण के लिए अच्छी तरह से उपयुक्त है। पहला, स्ट्रिंग(string) एक आधारभूत प्रकार का समर्थन है। दूसरी बात, फ़ल्टरिग और स्ट्रिंग(string) में हेरफेर के लिए कई function प्रदान किए जाते हैं। हम एक अनुप्रयोग के बैकेंड को विकसित करके इनमें से कई function का पता लगाएंगे।

उदाहरणः प्रक्रिया सम्मेलन पंजीकरण डेटा.

ध्यान दें कि आपने एक वेब-फॉर्म (उदाहरण के लिए, गूगल फॉर्म का उपयोग करके) विकसित किया है जो पंजीकरण करने वालों की जानकारी एकत्र करता है और इसे स्प्रेडशीट में संग्रहीत करता है। प्रदान की गई बुनियादी जानकारी नाम, ईमेल, फोन, संबद्धता और पदनाम है, और फॉर्म पंजीकरण का समय(time) भी दर्ज करता है।

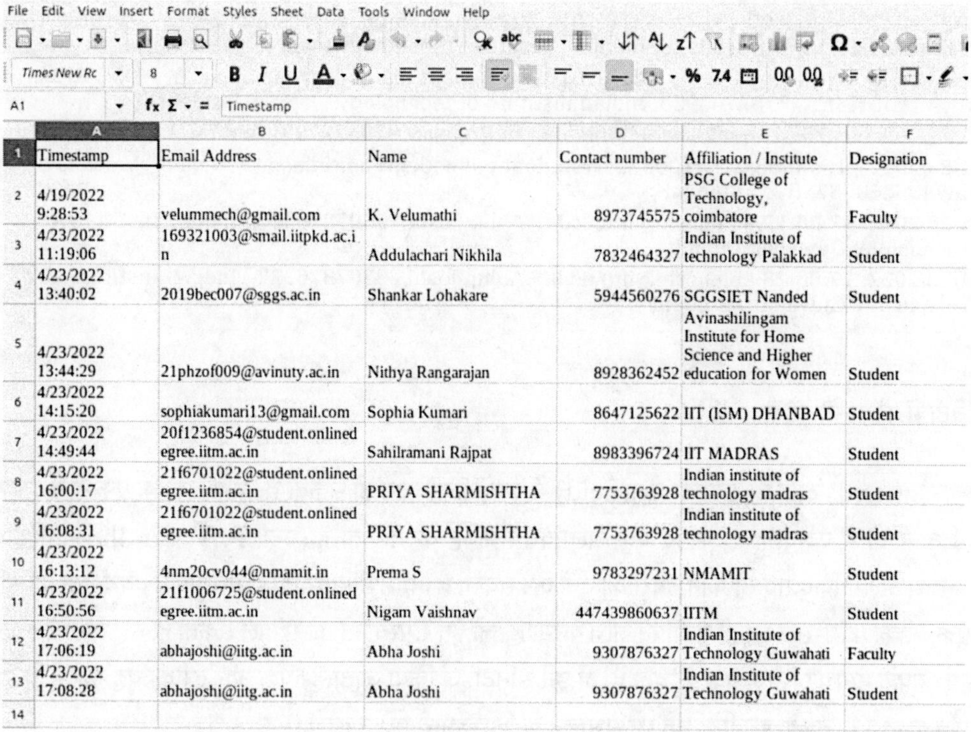

	Timestamp	Email Address	Name	Contact number	Affiliation / Institute	Designation
2	4/19/2022 9:28:53	velummech@gmail.com	K. Velumathi	8973745575	PSG College of Technology, coimbatore	Faculty
3	4/23/2022 11:19:06	169321003@smail.iitpkd.ac.in	Addulachari Nikhila	7832464327	Indian Institute of technology Palakkad	Student
4	4/23/2022 13:40:02	2019bec007@sggs.ac.in	Shankar Lohakare	5944560276	SGGSIET Nanded	Student
5	4/23/2022 13:44:29	21phzof009@avinuty.ac.in	Nithya Rangarajan	8928362452	Avinashilingam Institute for Home Science and Higher education for Women	Student
6	4/23/2022 14:15:20	sophiakumari13@gmail.com	Sophia Kumari	8647125622	IIT (ISM) DHANBAD	Student
7	4/23/2022 14:49:44	20f1236854@student.onlinedegree.iitm.ac.in	Sahilramani Rajpat	8983396724	IIT MADRAS	Student
8	4/23/2022 16:00:17	21f6701022@student.onlinedegree.iitm.ac.in	PRIYA SHARMISHTHA	7753763928	Indian institute of technology madras	Student
9	4/23/2022 16:08:31	21f6701022@student.onlinedegree.iitm.ac.in	PRIYA SHARMISHTHA	7753763928	Indian institute of technology madras	Student
10	4/23/2022 16:13:12	4nm20cv044@nmamit.in	Prema S	9783297231	NMAMIT	Student
11	4/23/2022 16:50:56	21f1006725@student.onlinedegree.iitm.ac.in	Nigam Vaishnav	447439860637	IITM	Student
12	4/23/2022 17:06:19	abhajoshi@iitg.ac.in	Abha Joshi	9307876327	Indian Institute of Technology Guwahati	Faculty
13	4/23/2022 17:08:28	abhajoshi@iitg.ac.in	Abha Joshi	9307876327	Indian Institute of Technology Guwahati	Student
14						

ऐसे पुस्तकालय(libraries) हैं जो स्प्रेडशीट के प्रसंस्करण का समर्थन करते हैं। हमारे अनुप्रयोग में, हम इसे पाठ-आधारित **.csv** (अल्पविराम-विभक्त मान) फाइल में परिवर्तित कर सकते हैं, ताकि इसे सारणीबद्ध(tabular) डेटा के रूप में संसाधित किया जा सके।

```
Timestamp, Email Address, Name, Contact number, Affiliation / Institute, Designation
4/19/2022 9:28:53, velummech@gmail.com, K. Velumathi, 8973745575,PSG College of Technology, coimbatore, Faculty
4/23/2022 11:19:06, 169321003@smail.iitpkd.ac.in, Addulachari Nikhila, 7832464327, Indian Institute of technology Palakkad, Student
4/23/2022 13:40:02,2019bec007@sggs.ac.in,Shankar Lohakare ,5944560276,SGGSIET Nanded ,Student
4/23/2022 13:44:29, 21phzof009@avinuty.ac.in, Nithya Rangarajan, 8928362452, Avinashilingam Institute for Home Science and Higher education for Women , Student
4/23/2022 14:15:20,sophiakumari13@gmail.com,Sophia Kumari,8647125622, IIT (ISM) DHANBAD ,Student
4/23/2022 14:49:44, 20f1236854@student.onlinedegree.iitm.ac.in, Sahilramani Rajpat, 8983396724, IIT MADRAS ,Student
```

4/23/2022 16:00:17, 21f6701022@student.onlinedegree.iitm.ac.in, PRIYA SHARMISHTHA, 7753763928, Indian institute of technology madras ,Student

4/23/2022 16:08:31, 21f6701022@student.onlinedegree.iitm.ac.in, PRIYA SHARMISHTHA, 7753763928, Indian institute of technology madras ,Student

4/23/2022 16:13:12,4nm20cv044@nmamit.in,Prema S,9783297231,NMAMIT,Student

4/23/2022 16:50:56, 21f1006725@student.onlinedegree.iitm.ac.in, Nigam Vaishnav, 447439860637, IITM,Student

4/23/2022 17:06:19,abhajoshi@iitg.ac.in, Abha Joshi, 9307876327, Indian Institute of Technology Guwahati, Faculty

4/23/2022 17:08:28,abhajoshi@iitg.ac.in, Abha Joshi, 9307876327, Indian Institute of Technology Guwahati, Student

चैलेंज 1: डेटा में कॉमा मौजूद है।

जबकि अन्य क्षेत्र(field) ठीक हैं, संबद्धता क्षेत्र(field) में एक अल्पविराम हो सकता है। यहां तक कि एक नाम टाइप करते समय, कोई अनजाने में एक बिदु के बजाय एक अल्पविराम प्रविष्ट कर सकता है (उदा. P. V, Sindhu)। कोई व्यक्ति अल्पविराम द्वारा अलग किए गए दो फोन नंबरों को दर्ज कर सकता है। ये सभी वास्तविक समस्याएं हैं। वैध डेटा को सुनिश्चित करने का एक तरीका फॉर्म-स्तर पर ही सत्यापन जांच करना है, जो इन समस्याओं को संभाल सकता है, यह सुनिश्चित करते हुए कि जब डेटा आपके पायथन स्क्रिप्ट तक पहुंचता है, तो इसे सैनिटाइज किया जाता है। एक और तरीका यह नहीं है कि डेटा को सैनिटाइज किया गया है, बल्कि इन स्थितियों को संभालने के लिए हमारी स्क्रिप्ट लिखें।

समाधान: हम स्प्रेडशीट को *.csv* प्रारूप में टैब (\t) को विभाजक के रूप में सहेजकर इस अल्पविराम समस्या को हल कर सकते हैं। आमतौर पर (लेकिन हमेशा नहीं), फॉर्म-इनपुट डेटा में एक टैब मौजूद नहीं होता है। एक अन्य विकल्प बेस64 मॉड्यूल का उपयोग करके डेटा को encode करना है, जो मनमाने बाइनरी डेटा को भी संसाधित करने की अनुमति देता है। हमारे program में, हम टैब से अलग मूल्यों का उपयोग करेंगे।

चैलेंज 2: कुछ क्षेत्रों(fields) में एक नई पंक्ति हो सकती है।

डिफ़ॉल्ट रूप से, हमारी स्क्रिप्ट यह मान सकती है कि एक पंजीकरण रिकॉर्ड *.csv* फाइल की एक पंक्ति में दिखाई देता है। फिर भी, पता जैसे कुछ क्षेत्रों में एक नई पंक्ति हो सकती है, जिसके परिणामस्वरूप हमारी स्क्रिप्ट में गड़बड़ हो सकती है। अक्सर फॉर्म पर सामान्य पाठ-बक्से(text-boxes) में एक नई पंक्ति में प्रवेश करना प्रत्यक्ष रूप से संभव नहीं होता है, लेकिन जब डेटा कहीं और से प्रतिलिपि-चिपकाया(copy-paste) जाता है, तो नई पंक्तियां दिखाई दे सकती हैं। HTML में पाठ क्षेत्र(field) बक्से में नई पंक्ति संप्रतीक(newline character) भी हो सकते हैं।

```
1. 4/19/2022 9:28:53, velummech@gmail.com, K. Velumathi, 8973745575, "PSG College of Technology
2. coimbatore", Faculty
3. 4/23/2022 11:19:06, 169321003@smail.iitpkd.ac.in, Addulachari Nikhila, 7832464327, "Indian Institute of technology
4. Palakkad" Student
```

Solution: Similar to handling commas, the validation logic (typically, in JavaScript for HTML forms) can either disallow newlines, or convert those to a different form (such as <br> in HTML). Alternatively, while converting from spreadsheet to CSV format, double-quotes can be used as the text-delimiter, which stores multiline field in double-quotes (if double-quotes are present in the field, those can be encoded, or escaped as \" or ""). In our program, we will assume that this is taken care of in a preprocessing step, and each line is a new record.

चैलेंज 3 हेडर(header) को गलती से एक रिकॉर्ड के रूप में पहचाना जा सकता है।

हमारी *.csv* फाइल में हेडर के रूप में पहली पंक्ति है. प्रसंस्करण करते समय, यदि हम भूल जाते हैं, तो हमारे function इसे एक वैध रिकॉर्ड के रूप में मान सकते हैं, जो आउटपुट को बदल सकता है। उदाहरण(example) के लिए, अगर हम सभी उपस्थित लोगों के लिए कमरा बुक कर रहे हैं, तो हम आवश्यकता से एक और कमरा बुक कर सकते हैं (और इसके लिए भुगतान कर सकते हैं)।

समाधान: इससे आसानी से निपटा जा सकता है। हम इसे एक सैनिटाइजेशन प्रीपास के रूप में हटा सकते हैं। वैकल्पिक रूप से, हमारी पाइथन स्क्रिप्ट पहली पंक्ति छोड़ सकते हैं।

इन चुनौतियों और संभावित समाधानों के साथ, अब हम पंजीकरण के आकड़ओ से कुछ दिलचस्प आकड़ए प्राप्त करते हैं। हम डेटा (data) को कैसे प्रस्तुत करते हैं? हम प्रत्येक स्तंभ(column) को एक सूची के रूप में संग्रहीत कर सकते हैं। इस प्रकार, हमारे उदाहरण(example) डेटा के लिए, हमारे पास टाइमस्टैंप, ईमेल, नाम, फोन, संबद्धता और पदनाम के लिए छह साहचर्य सूचियां हो सकती हैं। ये *.csv* फाइल को पढ़कर भरे हुए हैं।

कार्यक्षमता 1: पंजीकृत गैर-छात्रों की संख्या(number) पता लगाएं।

यह पदनाम की एक सरल जांच है (पंजीकरण फॉर्म में ड्रॉप-डाउन मेनू से भरी हुई)।

```
def nonStudent():
    for ii in range(len(designations)):
        if not designations[ii]='Student':
            printRecord(ii)
```

हम रजिस्ट्रार के विवरण print करने के लिए सहायक(auxiliary) प्रकार्य(function) ***printRecord()*** का प्रयोग करते हैं। उपर्युक्त function के प्रयोग का अंतिम(final) आउटपुट हैः

```
K. Velumathi:::PSG College of Technology,
coimbatore:::Faculty:::velummech@gmail.com:::8973745575
Abha Joshi:::Indian Institute of Technology
Guwahati:::Faculty:::abhajoshi@iitg.ac.in:::9307876327
```

functionality 2: आईआईटी से पंजीकृत सभी लोगों को ढूंढें।

यह फिर से संबद्धता पर एक सीधी जांच है, इस चेतावनी के साथ कि कुछ लोग आईआईटी (IIT) या आईआईटी (iit) या भारतीय प्रौद्योगिकी(technology) संस्थान या इंडियन इंस्टीट्यूट ऑफ टेक्नोलॉजी (Indian Institute of Technology) का उपयोग कर सकते हैं।

```
5  def duplicates():
6          for ii in range(len(timestamps)):
7      for jj in range(ii+1,len(timestamps)):
8        if match(ii,jj):
9          print("Record",ii,"and",jj,"are duplicates")
10
11          printRecord(ii)
```

लाइन 7 संबद्धता को लोअर केस में बदलने के लिए एक स्ट्रिंग (string) फंक्शन ***lower()*** का उपयोग करता है। यह हमें स्ट्रिंग(string) की तुलना करते समय किसी भी पूंजीकरण के मुद्दों से बचने की अनुमति देता है। हम जांच करते हैं कि क्या यह लाइन 9 और 10 पर स्थिति में 'iit' या इसका पूर्ण रूप है। चूंकि हम जानते हैं कि आईआईआईटी से भी पंजीकरण होंगे, इसलिए हम आउटपुट से बाहर आने वालों को फ़ल्टर करते हैं। उपर्युक्त function के प्रयोग का अंतिम(final) आउटपुट हैः

```
Addulachari Nikhila:::Indian Institute of technology
Palakkad:::Student:::169321003@smail.iitpkd.ac.in:::7832464327
Sophia Kumari:::IIT (ISM)
DHANBAD :::Student:::sophiakumari13@gmail.com:::8647125622
PRIYA SHARMISHTHA:::Indian institute of technology
madras :::Student:::21f6701022@student.onlinedegree.iitm.ac.in:::775376392
8
Priya Sharmishtha:::Indian institute of technology
madras :::Student:::21f6701022@student.onlinedegree.iitm.ac.in:::775376392
8
Nigam
Vaishnav:::IITM:::Student:::21f1006725@student.onlinedegree.iitm.ac.in:::447
439860637
Abha Joshi:::Indian Institute of Technology
```

गुवाहाटीः : : फैकल्टीः : : bhajoshi @iitg. ac. in: : : 9307876327

आभा जोशीः : : भारतीय प्रौद्योगिकी(technology) संस्थान

गुवाहाटीः : : स्टूडेंटः : : bhajoshi @iitg. ac. in: : : 9307876327

```
Guwahati:::Faculty:::abhajoshi@iitg.ac.in:::9307876327
Abha Joshi:::Indian Institute of Technology
Guwahati:::Student:::abhajoshi@iitg.ac.in:::9307876327
```

कार्यक्षमता 3: सभी डुप्लिकेट रिकॉर्ड खोजें.

अनुलिपियों(duplicates) का पता लगाने का function अभिलेखों के सभी जोड़ो(pairs) की जांच करके किया जा सकता है। हम यह भी तय करने के लिए एक जोड़ी के बीच चेक की संख्या(number) को कम कर सकते हैं कि वे डुप्लीकेट हैं। उदाहरण के लिए, हमारे कोड में, अगर नाम और ईमेल आईडी मेल खाते हैं तो हम कहेंगे कि दो रिकॉर्ड मेल खाते हैं (भले ही शेष जानकारी अलग हो)। अधिक शर्तें(conditionals) जोड़कर आप अधिक कड़ी जांच कर सकते हैं।

```
12 def match(ii,jj)
13  return (names[ii].upper()==names[jj].uppe() and \
14          emails[ii].upper()==emails[jj].upper())
15
16 def duplicates():
17     for ii in range(len(timestamps)):
18         for jj in range(ii+1,len(timestamps)):
19             if match(ii,jj):
20                 print("Record",ii,"and",jj,"are duplicates")
21                 printRecord(ii)
22                 printRecord(jj)
```

Nested Loop (Lines 17 and 18) का उपयोग करके सभी जोड़ो की गणना की जा सकती है। यदि दो रिकॉर्ड मेल खाते हैं (लाइन 19), तो हम उन्हें प्रिंट करते हैं। ***match()*** function पूंजीकरण में किसी भी अंतर को हटाने के लिए स्ट्रिग(string) function ***upper()*** का उपयोग करता है. उपर्युक्त function का उपयोग करने का आउटपुट हैः

```
Records 6 and 8 are duplicates
PRIYA SHARMISHTHA:::Indian institute of technology
madras :::Student:::21f6701022@student.onlinedegree.iitm.ac.in:::775376392
8
Priya Sharmishtha:::Indian institute of technology
madras :::Student:::21f6701022@student.onlinedegree.iitm.ac.in:::775376392
8

Records 10 and 11 are duplicates
Abha Joshi:::Indian Institute of Technology
```

गुवाहाटीः : : फैकल्टीः : : bhajoshi @iitg. ac. in: : : 9307876327

आभा जोशीः : : भारतीय प्रौद्योगिकी(technology) संस्थान

गुवाहाटीः : : स्टूडेंटः : : bhajoshi @iitg. ac. in: : : 9307876327

फंक्शनलिटी 4: संबद्धता द्वारा समूहीकृत प्रतिभागियों की सूची प्रदर्शित करें.

इस तरह के एक समूह को फंक्शनलिटी 3 Nested Loop के समान तरीके से किया जा सकता है। लेकिन हम लगातार रिकॉर्ड में एक ही संबद्धता के साथ पंजीकृत होने के लिए संबद्धता के आधार पर सूचियों को क्रमबद्ध कर सकते हैं। दुर्भाग्य से, यह एक और चुनौती है। हमारे पास कई सहयोगी सूचियां हैं। इसलिए अगर हम संबद्धता सूची को क्रमबद्ध करना चाहते हैं, तो

हमें तदनुसार अन्य सूचियों को भी क्रमबद्ध करना चाहिए। पायथन इसे प्राप्त करने के लिए एक *zip()* function प्रदान करता है।

```
23 def groupByAffiliation():
24     grouped=zip(affiliations,names,emails)
25     sg=sorted(grouped)
26
27     for record in sg:
28         print(record[0],record[1],record[2],sep=":::")
```

पंक्ति 24 व्यक्तिगत समुच्चयों से एक संयुक्त समुच्चय(aggregate) बनाती है। यह संयुक्त समुच्चय(aggregate) पंक्ति 25 में सॉर्ट किया गया है, जो सभी साहचर्य सूचियों को सॉर्ट करता है। ध्यान दें कि हमने संबद्धताओं को zip में पहली सूची के रूप में प्रदान किया है। एक बार संबद्धता के आधार पर इन सूचियों को सॉर्ट करने के बाद, हम इस सॉर्ट किए गए समग्र पंक्ति-दर-पंक्ति पर जाते हैं, अर्थात, सभी तीन समुच्चयों में से एक सूचकांक (line 27)। इस पंक्ति की प्रत्येक प्रविष्टि(entry) एक रिकार्ड(record) से मेल खाती है। इस प्रकार, *record[0]* सॉर्ट किए गए क्रम में पहली संबद्धता के अनुरूप है, *record*[1] इसके अनुरूप नाम है, और *record[2]* उस रजिस्ट्रंट का ईमेल आईडी है। हम इस रिकॉर्ड को पंक्ति 28 में प्रिंट करते हैं। उपर्युक्त function का प्रयोग करने वाला आउटपुट है:

```
Avinashilingam Institute for Home Science and Higher education for
Women :::Nithya Rangarajan:::21phzof009@avinuty.ac.in
IIIT Kancheepuram :::Sahilramani Rajpat:::sahil@student.iiitdm.ac.in
IIT (ISM) DHANBAD :::Sophia Kumari:::sophiakumari13@gmail.com
IITM:::Nigam Vaishnav:::21f1006725@student.onlinedegree.iitm.ac.in
Indian Institute of Technology Guwahati:::Abha Joshi:::abhajoshi@iitg.ac.in
Indian Institute of Technology Guwahati:::Abha Joshi:::abhajoshi@iitg.ac.in
Indian Institute of technology Palakkad:::Addulachari
Nikhila:::169321003@smail.iitpkd.ac.in
Indian institute of technology madras :::PRIYA
```

```
SHARMISHTHA:::21f6701022@student.onlinedegree.iitm.ac.in
Indian institute of technology madras :::Priya
Sharmishtha:::21f6701022@student.onlinedegree.iitm.ac.in
NMAMIT:::Prema S:::4nm20cv044@nmamit.in
PSG College of Technology, coimbatore:::K.
Velumathi:::velummech@gmail.com
SGGSIET Nanded :::Shankar Lohakare :::2019bec007@sggs.ac.in
```

पूरा कोड, बडा होने के कारण, पुस्तक के कोड(code) पृष्ठ 1 पर उपलब्ध कराया गया है। हमने यहां इस के सबसे महत्वपूर्ण हिस्सों पर चर्चा की।

उपयोगी स्ट्रिग(string) विधि

निम्नलिखित समर्थित विभिन्न उपयोगी स्ट्रिंग(string) विधियों की एक झलक है। मान लीजिए कि सुंदरता मक्खन लाती है, मक्खन कड़वा होता है, इसलिए वह कड़वा मक्खन बेहतर बनाने के लिए और मक्खन लाती है।

Assume that s = "beauty brought butter, butter was bitter, so she brought more butter to make bitter butter better."

Function	Meaning	Usage	output
string *number	Repeat a string	for i in range(5): print('*'*i)	* ** *** ****
count(substr)	Number of occurrences of a substring	s.count('ter')	7
find(substr)	First index ofsubstring	s.find('ter') s.find(''terse)	18 -1
[start:end]	Substring or slicing	S[18:22] S[:5] S[-5:-2] s[5::-1]	Ter Beaut Tte ytuaeb
startwith(substr)	If a string starts or ends with a	S,startwith('bea') s.endswith('ter')	True False
endwith(substr)	Substring		
replace(oldsub str,newsubstr)	Replace all occurrence of a substring by another	s.replace("butter", "butter and batter")	# find it out
title()	First letter of each word capital and all other lowercase	"I aM iN.".title()	I Am In.
upper() lower()	All uppercase All lowercase	"I am in".upper() "I am In".lower()	I AM IN. i am in.
swapcase()	Alter case	"I am In".swapcase()	I AM iN.
istitle()	First letter of each word capital and all other lowercase?	"I AM IN".istitle()	False
isupper()	All uppercase?	"I AM IN".isupper()	True

islower()	All lowercase?	"I am in".islower()	True
isalpha() isalnum() isdigit() isspace()	All character are [a-zA-Z] All character are [a-zA-Z0-9]? All character are [0-9]? All character are whitespace	"IaMin".isalpha() "I AM IN".isalpha() "rupesh0508 ."isalnum() "9940288482 .isdigit() "99402 88482".isdigit() "\t\n".isspace() "\t\n\\".isspace()	True False True False True False True False
join()	Separate each element of a list by a substring, in this case, each element is a character.	"#"join("I am in") ".".join(["iitm","ac","in"])	I# #a#m# #i#n#. iitm.ac.in
zfill(width)	Lead string by zeros to fill-up Width.	"483".zfill(10) "-483".zfill(10) "Hello".zfill(10)	000000483 -000000483 0000Hello

1http: / www. cse. iitm. ac. in/rupesh/books/python/code/unit4 /

4.3 पैटर्न मिलान और नियमित एक्सप्रेशन

कभी-कभी, सभी मामलों को कवर करने के लिए एक सटीक मैच निर्दिष्ट नहीं किया जा सकता है। उदाहरण के लिए, एक पाठ से एक मोबाइल नंबर ढूँढ़ने पर विचार कीजिए। एक व्यक्ति के लिए पाठ को पढ़ना और लगातार दस अंकों की पहचान करना आसान हो सकता है। यह ठीक है, लेकिन कभी-कभी मोबाइल नंबर अलग-अलग रूपों में लिखा जाता है, जैसे 99406 67821 (एक स्थान या एक हाइफन के साथ), जबकि कभी-कभी (994) 066-7821 (उदाहरण के लिए, अमेरिका में)। ऐसे सभी पैटर्न की पहचान करने के लिए एक प्रोग्राम लिखा जा सकता है। नियमित एक्सप्रेशन हमें उन पैटर्न को संक्षेप में निर्दिष्ट करने की अनुमति देता है।

पायथन नियमित अभिव्यक्ति के लिए एक मॉड्यूल(module) ***re*** प्रदान करता है। हम एक पाठ में दिए गए पैटर्न की सभी घटनाओं की पहचान करने के लिए एक function ***findall()*** के साथ शुरू करेंगे।

उदाहरणः एक लंबे टेक्स्ट से सभी मोबाइल नंबर खोजें।

हम पहले कार्यक्रम दिखाएंगे और फिर समझाएंगे।

```
1  import re
2
3  text="""
4  Hello, i am Dr. Mobile123.please call me in case of an emergency.
5  My phone number is 9940533241,otherwise,you can call my asistant at
6  8932732436. I am available at my clinic from 9 to 1. For appointments,
7  call the reception at (687)324-3232.
8  """
9
10 digitis10 = r'\d{10}'              #10 consecutive digits
11 digits55 = r'\d{5}\D\d{5}'         #5 digits gap 5 digits
12 digitsus = r'\(\d{3}\)\s?\D\d{4}'   #(3 digits) 3 digits-4 digits
13
14 regex=digits10+'|'+digits55+'|'+digitsus      #first or second or thirs pattern
15 mobiles=re.findall(regex,text)
16 print(mobiles)
```

उपर्युक्त प्रोग्राम का आउटपुट हैः

['99405 33241', '8932732436', '(687) 324-3232']

निश्चित रूप से, कोई भी इस मोबाइल सूची को पढ़ सकता है पाठ(text) से पहचाने गए एक व्यक्तिगत मोबाइल नंबर को प्रिंट करने के लिए।

आइए कोड(code) को ध्यान से समझते हैं। पंक्ति 3 पाठ(text) का एक लंबा टुकड़ा बनाता है (तीन-उद्धरणों में)। इसमें कई बार नंबर होते हैं, लेकिन विभिन्न प्रारूपों में केवल तीन बार मोबाइल नंबर होते हैं। पहला प्रारूप लाइन 7 में एक रॉ स्ट्रिंग(string) के रूप में सूचीबद्ध है। \d एक अंक(digit) को इंगित करता है और \d {10} दस अंक(digit) को इंगित करता है। यह एक नियमित अभिव्यक्ति है (जैसा कि *re*-मॉड्यूल द्वारा समझा गया है). यह 8932732436 से मेल खाता है, लेकिन अन्य दो नहीं। लाइन 8 में दूसरा पैटर्न 99405 33241 से मेल खाता है और अन्य दो से मेल नहीं खाता है। यह \d {5} पांच अंकों की खोज करता है, फिर एक गैर-अंक(digit) \D (जैसे कि स्पेस या हाइफन), उसके बाद पांच अंकों का एक और सेट होता है। US मोबाइल प्रारूप के लिए लाइन 9 पर तीसरे पैटर्न में एक खुला कोष्ठक(parenthesis) होता है (तीन अंकों के बाद एक बंद कोष्ठक(parenthesis) होता है, उसके बाद एक वैकल्पिक स्थान होता है? "\s एक वाइटस्पेस संप्रतीक को इंगित करता है, '?' पूर्ववर्ती अभिव्यक्ति को वैकल्पिक बनाता है, और कोष्ठक(parenthesis) को एस्केप करने की आवश्यकता होती है क्योंकि" *"re"* में उनका एक विशेष अर्थ होता है।"

ये तीन पैटर्न, लाइन 11 पर नियमित अभिव्यक्ति(regula rexpression) regex में OR ऑपरेटर का उपयोग करते हैं (*re* मॉड्यूल द्वारा समझा जाता है)। पंक्ति 12 तब ***findall()*** विधि को कॉल करता है जो पाठ(text) में नियमित अभिव्यक्ति की सभी आवृत्तियों को खोजता है। इन्हें सूची के रूप में लौटाया जाता है।

क्या 99405 33241 और 8932732436 के लिए एकल नियमित अभिव्यक्ति संभव(possible) है? हाँ, हम डिजिट्स 55 को '\d {5} \D? \d {5}' के रूप में संशोधित कर सकते हैं और यह दोनों फोन नंबरों से मेल खाएगा।

अच्छा प्रोग्रामिग प्रचलनः नियमित अभिव्यक्ति को जटिल बनाना आसान है। इसलिए, उन्हें कई भागों में विभाजित करें, उनमें से प्रत्येक का अलग-अलग परीक्षण(test) करें, और फिर उनमें शामिल करें, जैसा कि हमने उपरोक्त उदाहरण में किया है।

उदाहरणः एक लंबे पाठ(text) में से सभी ईमेल पते(email addresses) ढूंढें.

आगे पढ़ने से पहले, इस बारे में सोचें कि आप ईमेल पते को कैसे पहचानना चाहते हैं। एक संभावना(possibility) अल्फान्यूमेरिक संप्रतीकों के होने की है, उसके बाद प्रतीक(symbol) @, उसके बाद अल्फान्यूमेरिक संप्रतीकों का एक और सेट। एक अल्फान्यूमेरिक संप्रतीक (अंडरस्कोर सहित) को\w के रूप में निर्दिष्ट किया जा सकता है। इस प्रकार, हमारी नियमित अभिव्यक्ति होनी चाहिएः (एक या अधिक\w) @(एक या अधिक \w).

```
1  import re
2  text="""My department email id is rupesh@cse.iitm.ac.in.This is what Iuse for all
3  the officil purposes. The institute also provides an id rupesh@iitm.ac.in.During
4  Phd, I used to have a personal emailid rupesh0something@gmail.com,which is still in use
5  when gmail was not around,id rupesh_somrthing@usa.net was the one I used. I also
6  own a twitter handle @rupeshsomething,which I hardly use.Thats it from my side for now,
7  see you in class @11."""
8
9  regex=r'\w+@\w+'
10
11 emails=re.findall(regex,text.lower())
12 print(emails)
```

लाइन 5 पर नियमित अभिव्यक्ति में प्रतीक(symbol) + पिछले अभिव्यक्ति की एक या अधिक घटनाओं को इंगित करता है। हम आपको ***lower()*** या ***upper***() function का उपयोग करने के लिए भी प्रोत्साहित करते हैं (जैसा कि line 6 में लागू होता है), इसलिए नियमित अभिव्यक्ति को केवल एक मामले का ध्यान रखने की आवश्यकता होती है।

उपर्युक्त प्रोग्राम का आउटपुट क्या होगा?

['rupesh@cse', 'rupesh@iitm', 'rupesh0something@gmail', 'rupeshsomething@usa']

इस आउटपुट का एक अच्छा पहलू यह है कि ट्विटर हैंडल और क्लास टाइम स्ट्रिंग(string) को शामिल नहीं किया गया है। हालांकि आउटपुट हम जो चाहते हैं उसके करीब है, यह सटीक नहीं है। ऐसा इसलिए हुआ क्योंकि \w में एक डॉट शामिल नहीं है, जो ईमेल पते के डोमेन-नाम में मौजूद है। तो इसे लाइन 5 में बदलकर शामिल करते हैंः

9. regex = r'\w+@[\w\.] +'

@ से पहले सबएक्स्प्रेशन वही रहता है। उस समूह के बाद एक\w और. एक साथ [...] का उपयोग कर और यह करने के लिए एक या अधिक के लिए + जोड। क्या आप इस संशोधित नियमित अभिव्यक्ति के साथ आउटपुट का अनुमान लगा सकते हैं? अगर आपको लगता है कि आउटपुट सही था, तो यह पूरी तरह से सच नहीं है। यहाँ यह है, ईमेल पतों के अंत में पूर्ण विराम सहित (चूंकि हमने अब एक डॉट(.) शामिल किया है)।

```
['rupesh@cse.iitm.ac.in.', 'rupesh@iitm.ac.in.',
'rupesh0something@gmail.com', 'rupesh_something@usa.net']
```

हम इससे कैसे निपटेंगे? हम चाहते हैं कि डोमेन-नाम में डॉट मौजूद रहे, लेकिन यह डोमेन का अंतिम character नहीं होना चाहिए। हम यह निर्दिष्ट कर सकते हैं कि रेगुलर एक्सप्रेशन को इस रूप में संशोधित कर सकते हैंः

5 regex =r'\\w+@[\w\.]+\w'

हमने अंत में केवल एक और\w जोड़, जो अंत में डॉट को छोड़कर सभी वर्णों को अनुमति देता है। अब आउटपुट उम्मीद के मुताबिक है।

['rupesh@cse.iitm.ac.in','rupesh@iitm.ac.in','rupesh0something @gmail.com', 'rupesh_something@usa.net']

चर्चाएं(Discussion): जबकि हमने एक नियमित अभिव्यक्ति को निर्दिष्ट करने के बारे में कई पहलू सीखे हैं, ऊपर दी गई नियमित अभिव्यक्ति सबसे सटीक नहीं है। उदाहरण(example) के लिए, एक ईमेल id rupesh@iitm..... a इस नियमित अभिव्यक्ति से मेल खाती है, जो एक वैध नहीं है। हमें इसे डॉट्स के बीच कम से कम एक को शामिल करने के लिए संशोधित करना होगा।

निम्नलिखित नियमित अभिव्यक्ति द्वारा समर्थित विभिन्न ऑपरेटर हैं।

Expression	Matches	Example	Outcome
hello	Substring hello	mispelt	Find all occurrences of mispelt
\d	One digit	\d\d	Two digit number such as minutes
\w	Letter, Number, Underscore	\w\w\w\w	Four letters such as I18N
\s	whitespace	Hello\sworld	Hello world
a+	One or more occurrences of a	Ab+	Matches ab.abb,abbb,abbbb…
A*	Zero or more occurrences of a	Ab*c	Matches ac,abc,abbc,abbbc,….
A?	Zero or more occurrences of a	Ab?c	Matches only ac and abc
.	Any character except \n	a.c	Matches abc,aac,acc,a-c,a+c,a c,…
[abc]	Either a or b or c(single char)	[+b2]	Matches +or b or 2
A|b	Either a or b(as patterns)	Hi|Hello	Matches Hi or Hello
A{3}	Matches aaa	O{3}H	Matches OOOH
A{3,5}	Matches aaa, aaaa, aaaaa	O{3,5}H	Matches OOOH, OOOOH, OOOOOH

नीचे कुछ सामान्य पैटर्न दिए गए हैं।

Requirement	Regular expression
Variable names	[a-zA-Z_][a-zA-Z_0-9]*
Pincode	\d{6} or [1-9]\d{5}
Aadhar card number	\d{12} or \d {4} \s\d{4}\s\d{4} or \d{4}\D\D{4}\D\d{4}
PAN	[A-Z]{5}\d{4}[A-Z]
Social Security Number(us)	\d{3}-\d{2-\d{4}}
Real number	[0-9]+\.[0-9]+
Website	(http://)?X(\.X)+where X is [a-zA-Z_0-9]+
IP address	\d+(\.\d+){3}
Date in dd/mm/yy format	\d\d/\d\d/\d\d
A student roll number such as CS22B018	[]A-Z][A-Z]\d\d[A-Z]\d\d\d
Weight of an item	\d+\s*(kg|1b|gm)
Movie names of the Golmaal	Golmaal((\s|-)(2|3|Again))?
Series	

उदाहरणः किसी पाठ(text) से तारीखें ढूंढें.

आपको Gmail में एक सुविधा जरूर मिली होगी जो स्वतः ईमेल में तारीखों का उल्लेख पाता है, क्लिक करते हुए जो आपको उस तारीख को अपने कैलेंडर में एक घटना(event) जोड़ने की अनुमति देता है. हालांकि हम इस बड़ी समस्या को हल नहीं करेंगे, लेकिन हम इसके एक हिस्से को हल करेंगे। विशेष रूप से, हम निम्नलिखित फॉर्मों की तिथियों की पहचान करने की अनुमति देंगे।

september 10, 2023

sep. 10, 2023

sep. 10, 2023

aug 5, 2023

jan 5

Feb 5 23

क्या आप उपरोक्त पैटर्न को पहचानने के लिए एक नियमित अभिव्यक्ति (regular expression) लिख सकते हैं?

यहाँ text है।

```
text = """
Hello Prashant

How is Bangalore treating you? Do you continue to be in the same company?

I wanted to check if you are around on September 10, 2023? I am coming
there for an official visit on Sep 9 and would like to drop by your house in the
evening of sept 10.

If that is not feasible, I may have to come back in October. Are you around on
oct 10? or oct. 11?

Do let me know.
"""
```

हम चाहते हैं कि हमारे प्रोग्राम का आउटपुट हाइलाइट की गई तारीखों को पहचाने (और कुछ नहीं, जैसे केवल अक्टूबर)। हम बारह महीने के नाम का उपयोग करके नियमित अभिव्यक्ति का निर्माण करते हैं।

```
1  months=('jan','feb','mar','apr','may','jun','jul','aug','sep','oct'
2  'nov','dec')
3  regex12=''
4  
5  for mm in months:
6      regex12 = regex12 + mm + '|'       #create regex using 12 months
7  regex12 = '(' + regex12[:-] + ')'      #remove the extra |
8  finalregex ='(' + regex12 + r'[a-z]*\s+\d\d?)(,?\s?\d{2,4})?'
9  
10 dates=re.findall(finalregex,text.lower())
11 
12 for onedate in dates:
13     print(onedate)
```

हम पंक्ति 8 पर नियमित अभिव्यक्ति के विभिन्न हिस्सों को समझाते हैं। चर(variable) regex12 में। द्वारा अलग किए गए बारह महीनों के तीन अक्षरों के संक्षिप्त रूप शामिल हैं। [a-z.] महीने में या तो केवल संक्षिप्त रूप, या पूरा नाम, या बीच में कुछ भी शामिल करने की अनुमति देता है, जिसमें एक बिंदु भी शामिल है। इसके लिए कम से कम एक स्थान का पालन करना होगा। \d\d? दिन के एक या दो अंकों से मेल खाता है. यह वैकल्पिक रूप से पैटर्न का दूसरा भाग है जिसमें अल्पविराम और स्थान हो सकते हैं, जिसके बाद वर्ष(year) दो, तीन या चार अंकों में होता है। यदि आप केवल दो या चार अंकों के वर्ष(year) का समर्थन करना चाहते हैं, तो इसे \d{2 ।\d{4} के रूप में प्राप्त किया जा सकता है।

पूरे प्रोग्राम का आउटपुट है:

('september 10', 'sep', '2023')

('sep 9', 'sep,)

('sept 10', 'sep')
('oct 10', 'oct',)
('oct. 11','oct' ',)

आउटपुट में प्रत्येक टपल(tuple) में तीन प्रविष्टियाँ होती हैं जो हमारी नियमित अभिव्यक्ति में तीन कोष्ठक अभिव्यक्तियों के अनुरूप होती हैं: महीने के बाद दिन, महीने में regex12, और वर्ष(year) का वैकल्पिक हिस्सा।

चर्चा(Discussion): फंक्शन ***findall()*** दिए गए रेगुलर एक्सप्रेशन की सभी आवृत्तियों को खोजता है. यदि आप केवल एक में रुचि रखते हैं, तो आप ***search()*** function का उपयोग कर सकते हैं. उदाहरण के लिए:

```
match=re.search(r'Golmaal((\s|-)(2|3|Again))?', 'I watched Golmaal Again again.')
if match:print(match)
```

4.4 अनुप्रयोग (Application): प्रकाशन डाटा क्वेरी(query)

हम एक वास्तविक दुनिया का अनुप्रयोग बनाने के लिए अपनी सभी सीख को एक साथ रखते हैं। हमें स्कोपस (Scopus) से प्रकाशन डेटा (publication data) दिया जाता है, और हम रुचि के विभिन्न रिकॉर्ड (record) की पहचान करने के लिए इसे क्वेरी (query) करना चाहेंगे। आकड़ो का स्नैपशॉट(snapshot) नीचे दिया गया है। इसकी पहली पंक्ति विभिन्न स्तंभों को दिखाती है जैसे लेखक, लेखक ID, शीर्षक, वर्ष, आदि।

	A	B	C	D	E	F
1	Authors	Author(s) ID	Title	Year	Source title	Volume
2	Sai, A.B., Mohankumar, A.K., Khap	57204471877;57216695737;5754	A Survey of Evaluation Metrics Used for NLG Systems	2023	ACM Computing Surveys	5
3	Kondaveeti, S., Govindarajan, D., M	55314053500;57200212304;2273	Sustainable bioelectrochemical systems for bioenergy generation via waste	2023	Fuel	33
4	Boominathan, A., Vijaya, R.	8853819600;57211074463;	Numerical Modelling of Basin Effects on Earthquake Ground Motions in Kut	2023	Springer Tracts in Civil Engineering	
5	Ishwarya S, P., Dugyala, V.R., Prad	57426253900;55789982900;5610	Sessile drop evaporation approach to detect starch adulteration in milk	2023	Food Control	14
6	Wani, S., Samala, R., Kandasami, R	57853087700;57208178391;5580	Numerical Study on the Effect of Hydrate Saturation on the Geo-Mechanical	2023	Lecture Notes in Civil Engineering	288 LNCE
7	Gosavi, H.S., Pratapa, P.P., Mallad	57822141500;37010429300;5580	Band Gap Estimation of D-LEGO Meta-structures Using FRF-Based Substr	2023	Conference Proceedings of the Society for Experimen	
8	Jain, P., Chavan, T., Chakraborty, M	57653315500;57458696100;5722	Computational Study of Aero-acoustic Feedback in Supersonic Cavity Flow	2023	Lecture Notes in Mechanical Engineering	
9	Ramanujachari, V., Roy, R.D., Amr	7801673060;8596973800;572159	Design and Performance Evaluation of Plug Nozzle for Rotating Detonation	2023	Lecture Notes in Mechanical Engineering	
10	Revulagadda, A.P., Adapa, B.R., Go	57821629200;57820849900;5719	A Numerical Investigation on the Effect of Lip Geometry with Tangential Filr	2023	Lecture Notes in Mechanical Engineering	
11	Chakraborty, A., Das, M., Sahu, S.,	56258611200;56091500300;3650	A Parametric Study on Rotary Slinger Spray Characteristics Using Laser Di	2023	Lecture Notes in Mechanical Engineering	
12	Kumawat, S.K., Ghugare, A.D., Kur	57821112300;56081589500;5720	Nanoboron Slurry Fuel Droplet Combustion for High-Particle Loading Ratio	2023	Lecture Notes in Mechanical Engineering	
13	Sekar, A., Chakraborty, M., Vaidyar	57429823900;57221536090;1637	Numerical Investigation of Blockage of Scramjet Strut Injector Model in a S	2023	Lecture Notes in Mechanical Engineering	
14	Ramanujachari, V., Dutta Roy, R., A	7801673060;57821107300;57219	Design and Analysis of Rotating Detonation Wave Engine	2023	Lecture Notes in Mechanical Engineering	
15	Udupa K, A., Alagappan, P.	57811996400;37107303700;	Segmentation Based on Image Analysis of Concrete	2023	Structural Integrity	2
16	Mohanty, A.S., Rao, B.N.	57612136100;57812674600;	Nonlinear Finite Element Analysis of Corroded Prestressed Beams	2023	Structural Integrity	2
17	Mourya, U., Jayachandran, A.	57673849500;57217795173;	Evaluation of Second-Order Effects in Cold-Formed Steel Pallet Racks	2023	Structural Integrity	2
18	Raja, N., Balasubramaniam, K.	57202348188;7005602178;	Remote Excitation Ultrasonic Waveguide-Based SHM for Critical Applicatio	2023	Lecture Notes in Civil Engineering	270 LNCE
19	Gantasala, S., Thomas, T., Rajagop	57806950500;57188585660;1513	Spherical Inclusions Based Defect Modes in a Phononic Crystal for Piezoel	2023	Lecture Notes in Civil Engineering	270 LNCE
20	Sharma, B.N., Kapuria, S., Arockiar	57211516528;7004458697;16480	Damage Detection Using Refined Time Reversal Method of Lamb Waves Ur	2023	Lecture Notes in Civil Engineering	254 LNCE
21	Dixit, S., Kumar, D., Dash, B.B., Su	57878213200;57671391100;5787	Effect of solutionizing temperature and cooling rate on phase morphology, r	2022	Journal of Alloys and Compounds	92
22	Karati, A., Ghosh, S., Nagini, M., M	57194570176;57200726297;5544	Thermoelectric properties of nanocrystalline half-Heusler high-entropy Ti2Ni	2022	Journal of Alloys and Compounds	92
23	Kale, A.V., Krishnasamy, A.	57438773300;57202644792;	Experimental investigation on operating light-duty diesel engine using etha	2022	Fuel	33

अब तक, हम इस डेटा को *.csv* फाइल में परिवर्तित करना और विभिन्न सूचियों में रिकॉर्ड को पढ़ना जानते हैं। ध्यान दें कि सभी लेखक एक ही कॉलम का हिस्सा हैं। चूंकि विभिन्न दस्तावेजों में लेखक के नाम अस्पष्ट या अलग-अलग तरह से लिखे जा सकते हैं (उदाहरण के लिए, R. Nasre या Rupesh Nasre), स्कोपस प्रति लेखक एक अद्वितीय(unique) आईडी बनाए रखता है, जो दूसरे कॉलम में दिया गया है। हम इस बारे में जानकारी मांगना चाहते हैं। नमूना डेटा के साथ सभी कोड(code) पाठ्यक्रम वेबपेज 2 पर उपलब्ध हैं। हम ध्यान देते हैं कि जिस तरह विडोज और लिनक्स संचिकाओं में नई पंक्ति संप्रतीकों को भंडारित करते हैं उसमें अंतर(difference) है। इसलिए, आपका कार्यक्रम सीधे सभी प्लेटफार्मों पर काम नहीं कर सकता है। अपनी प्रक्रिया को आसान बनाने के लिए, पाठ्यक्रम वेबपृष्ठ(webpage) 'डॉस' (विडोज के लिए) और 'यूनिक्स' (लिनक्स

के लिए) दोनों प्रारूपों में फाइलों को सूचीबद्ध करता है। इसके अलावा, विडोज में विशेष संप्रतीकों(characters) को प्रबंधित करने के लिए, किसी को UTF-8 में निम्नानुसार कोडिग बदलने की आवश्यकता हो सकती है।

```
df =open(datafile, encoding =’utf8')
```

कार्यक्षमता-1: लेखक के सभी दस्तावेजों को लेखक के नाम से प्रिट करें.

उदाहरण के लिए, क्वेरी स्ट्रिंग(string) ’Nasre Rupesh’ के लिए, आउटपुट होगाः

```
"Pattipati, D.K., Nasre, R., Puligundla,
S.K.":::56593174200;35275730500;57204369664;":::BOLD: an ontology-based log
debugger for C programs",2022
"Singh, S., Shah, T., Nasre, R.":::57202881568;57468012500;35275730500;":::ParTBC:
Faster Estimation of Top-k Betweenness Centrality Vertices on GPU",2022
```

2: http// www.cse.iitm.ac.in/rupesh/books/python/code/unit4 /

```
"Muniasamy, R.P., Nasre, R., Narayanaswamy,
N.S.":::57355590000;35275730500;8935093600;":::Accelerating Computation of Steiner
Trees on GPUs",2022
```

हम केवल कुछ स्तम्भों की सूची देते हैं, जिनको (:::) द्वारा अलग किया गया है| ध्यान दें, कि अभिलेख में लेखक के नाम का उल्लेख 'Nasre Rupesh’ के रूप में नहीं, बल्कि ’Nasre, R’ के रूप में उपस्ट्रिग के रूप में किया गया है। हम निम्नलिखित function का उपयोग करके नाम वेरिएंट उत्पन्न करके इसे प्राप्त करते हैं। इस प्रकार ’Nasre Rupesh’ के लिए 'Nasre Rupesh’, 'Nasre\W*R\W’ और ’N\W*Rupesh\W’ हैं।

बाहरी function *getNameVariants()* एक लेखक के नाम को शब्दों में विभाजित करता है, और *getNameVariant()* function को एक शब्द(word) को छोड़कर सभी को छोटा करने के लिए कहता है।

```
def getNameVarient(word,nn):
    ii=0
    namevv='':

    for ww in word:
        if ii==nn:
            namevv = namevv + ww + 'W*'
        elif not ww =='':
            namevv=namevv+ww[0]+ww[0]+'W*'

        ii=ii+1

    return namevv.strip()

def getNameVariants(author):
    variants=[author]
    words=author.split('')

    for ii in range(len(words)):
        #ii'th word needs to be left as it is ,other need to be shortened.
        vv=getNameVariant(words,ii)
        variants.append(vv)

    return variants
```

कार्यक्षमता-2: एक लेखक के सभी दस्तावेजों को लेखक की आईडी के साथ प्रिंट करें.

इस कार्यक्षमता को लागू करना अपेक्षाकृत आसान है, क्योंकि लेखक आईडी (ID) को सटीक मिलान के लिए जांचा जा सकता है। इसका आउटपुट '35275730500' के लिए function आत्मकता 1 के समान है, लेकिन अलग हो सकता है सटीक मैच के कारण (कम रिकॉर्ड)। उदाहरण के लिए, इनपुट 'Vignesh' फंक्शनलिटी 1 कई Vignesh के रिकॉर्ड को आउटपुट करता है, जबकि इनपुट '57195129630' के साथ, एक ही रिकॉर्ड है।

```
def allOfAuthorById(aid):
    for ii in range(len(authornames)):
        if aid in authorids[ii]:
            printRecors(ii)
```

function सभी रिकॉर्ड्स (records) पर जाता है और जहां भी दिया गया ऑथर-आईडी (author-id) मिलता है, वह रिकॉर्ड (record) print होता है।

कार्यक्षमता-3: पहले लेखक के सभी दस्तावेजो को print करें.

उदाहरण के लिए, इनपुट 'Muniasamy Rajesh' के लिए, आउटपुट है:

"Muniasamy, R.P., Nasre, R., Narayanaswamy, N.S.":::57355590000;35275730500;8935093600;":::Accelerating Computation of Steiner Trees on GPUs",2022

इस कार्यक्षमता को लेखक-नामों में झांकने और केवल पहले से पूछताछ करने की आवश्यकता है. एक संभावना(possibility) यह है कि सभी लेखकों के नामों को एक सूची में निकाल लिया जाए और फिर केवल पहले तत्वों की जाँच की जाए। यह अगली कार्यक्षमता में भी उपयोगी होगा। हम इसे नियमित अभिव्यक्ति का उपयोग करके थोड़आ अलग तरीके से करेंगे। हम देखते हैं कि पहले लेखक की विशेषता एक दोहरे उद्धरण से है। हम पहले लेखक की जांच करने के लिए इसका फायदा उठाते हैं।

```
1 match=re.search(r"'[^,"]*+author.upper(),authornames[ii].upper())
2 if match: printRecord(ii)
```

पंक्ति 1 में नियमित अभिव्यक्ति दोहरे-उद्धरण(double-quote) वाले अक्षर के बाद गैर-अल्पविराम वाले दोहरे-उद्धरण(double-quote) वाले अक्षर (पहले लेखक को दर्शाते हुए) की तलाश करती है।

कार्यक्षमता-4: non-first author के सभी दस्तावेज़ओं को print करें.

यह पिछली कार्यक्षमता का एक फ्लिप है, और हम इसे आत्मकता (functionality) 1 और 3 - उपयोग करके लागू करते हैं-कि, एक लेखक के साथ एक दस्तावेज खोजें, और फिर जांचें कि क्या यह पहला लेखक है। अगर नहीं, तो हम इसे आउटपुट करते हैं।

उदाहरण के लिए, इनपुट 'Nasre Rupesh' के लिए, आउटपुट है:

"Pattipati, D.K., Nasre, R., Puligundla, S.K.":::56593174200;35275730500;57204369664;":::BOLD: an ontology-based log debugger for C programs",2022
"Singh, S., Shah, T., Nasre, R.":::57202881568;57468012500;35275730500;":::ParTBC: Faster Estimation of Top-k Betweenness Centrality Vertices on GPU",2022
"Muniasamy, R.P., Nasre, R., Narayanaswamy, N.S.":::57355590000;35275730500;8935093600;":::Accelerating Computation of Steiner Trees on GPUs",2022

इस कार्यक्षमता के अनुरूप कोड(code) दो(two) कॉल का उपयोग करता है *re.search()*, एक बार यह पता लगाने के लिए कि क्या कोई लेखक मौजूद है (किसी लेखक के रूप में) और एक बार पहले लेखक(author) के रूप में।

```
match=re.search(author.upper(),authornames[ii].upper())
if match:
    match=re.search(r'[^,]*'+ author.upper(),authornames[ii].upper())
    if not match: printRecord(ii)
```

फंक्शनलिटी 5: किसी लेखक(author) के वर्तमान और संभावित सहयोगियों को ढूंढें।

यह फीचर पहले से काफी अलग है। इसमें एक लेखक के सबसे प्रमुख वर्तमान और संभावित सहयोगियों की पहचान करना शामिल है। उदाहरण के लिए, हम यह पहचान सकते हैं कि किसी दिए गए लेखक के पास किसके साथ अधिक प्रकाशन (वर्तमान सहयोगी) हैं। इसके अलावा, संभावित सहयोगियों को खोजने के लिए, हम प्रत्यक्ष सहयोगियों से दूसरे स्तर के सहयोगियों के एक आम सेट की पहचान कर सकते हैं। यह उसी तरह का है जैसे कुछ सोशल नेटवर्क सुझाते हैं 'आप जिन लोगों को जानते हैं'-यदि आपके संपर्कों में सामान्य संपर्क हैं, तो संभव है कि आप उन्हें जानते हो। इस प्रकार, यदि मेरे सहयोगी कुछ आम लोगों के साथ सहयोग करते हैं, तो वे भविष्य में मेरे सहयोगी हो सकते हैं।

उदाहरण के लिए, इनपुट 'Nagarajan' के लिए, आउटपुट है:

```
{'Bhattacharya, S.': 129, 'Sharma, A.': 126, 'Wang, J.': 123, 'Kim, J.': 109, 'Wang, Z.': 90,
'Kumar, A.': 90, 'Ghosh, S.': 89, 'Zhang, Y.': 87, 'Lee, K.': 87, 'Jain, S.': 87}
```

यहाँ हम शीर्ष 10 वर्तमान और संभावित सहयोगियों को उनके स्कोर के साथ सूचीबद्ध करते हैं (एक शब्दकोश(dictionary) के रूप में)।

```
def getAllCollaborators(ii):
    collab=[]
    names=authornames[ii].split(',')
    newnn =''
    ii=0

    for nn in names:
        oldnn=newnn
        newnn=nn

    if newnn[0]=="":newnn=newnn[1:]
    if newnn[-1]=="":newnn=newnn[:-1]
    newnn=newnn.strip()

    if ii%2==1:
        collab.append(oldnn+','+newnn)
    ii=ii+1

    return collab

def getCollab(author):
    directCollab=[]

    for ii in range(len(authornames)):
        if author.upper() in authornames[ii].upper():
            directCollab=directCollab+getAllCollaborators(ii)
    return directCollab

```

```
29 def pcByCoauthor(author):
30     directCollab=getCollab(author)
31     collabCount={}
32
33     for dc in directCollab:
34         indirectCollab=getCollab(dc)
35
36         for indc in indirectCollab:
37             if indc in collabCount:collabCount[indc]=collanCount[indc]+1
38             else:collabCount[indc]=1
39
40     collabCount=dict(sorted(collabCount.items(),key=lambda kv:(kv[1],kv[0]),reverse=True))
41     collabCount=dict(itertools.islisce(collabCount.item(),10))
42
43     print(collabCount)
```

बाहरी function *pcByCoauthers()* पहले पंक्ति 34 function *getCollab()* का उपयोग करके प्रत्यक्ष सहयोगियों को इकट्ठा करता है। इन प्रत्यक्ष सहयोगियों में से प्रत्येक के लिए, हम उनके सहयोगियों को पंक्ति 36 पर Loop में पाते हैं (जो मूल लेखक(author) के अप्रत्यक्ष सहयोगी हैं)। इस तरह के प्रत्येक अप्रत्यक्ष सहयोगी के लिए, हम प्रत्यक्ष सहयोगियों के माध्यम से होने वाली घटनाओं की संख्या(number) पाते हैं। यह प्राकृतिक रूप से एक शब्दकोश(dictionary) (lines 37 और 38) में रखा जाता है। अंत में, हम इस शब्दकोश(dictionary) को इन गणनाओं पर उच्च से निम्न मान (line 40) तक क्रमबद्ध करते हैं। इनमें से, हम डिक्शनरी (line 41) के माध्यम से स्लाइसिग करके शीर्ष 10 को सूचीबद्ध करते हैं, और उन्हें print करते हैं (line 43)।

यूनिट संक्षेप(SUMMARY)

हमने फाइलों को पढ़ना और लिखना सीखा, और आवेदन के आधार पर उन्हें संसाधित करना सीखा। इसके बाद हमने भाषा द्वारा प्रदान किए गए विभिन्न स्ट्रिग(string) संबंधित function में गहराई से खोजा । अंत में, हमने नियमित अभिव्यक्ति की शक्तिशाली दुनिया की खोज की, जिससे हमें एक साधारण खोज से परे जाने का मौका मिला। इनमें से प्रत्येक में, हमने कई समस्याओं को हल किया।

एक्सरसाइज (EXERCISE)

बहुविकल्पीय प्रश्न

1 एक text फाइल data.txt पर विचार करें जिसकी अंतर्वस्तु(content) हैं:

Dean is Down with Dengue.

निम्न प्रोग्राम के निष्पादन के बाद data.txt की सामग्री क्या है?

```
fp = open("data.txt", "w+")
print("Dayalu Dean", file=fp)
fp.seek(7)
print("in Deen Dayal Nagar.", file=fp)
fp.close()
```

A. Dean is Down with Dengue.Dayalu in Deen Dayal Nagar.
B. Dayalu in Deen Dayal Nagar.
C. Dayalu Dean
   in Deen Dayal Nagar.
D. Dean is in Deen Dayal Nagar.

2. एक text फाइल *pqr.txt* पर विचार करें जिसकी सामग्री हैं:

PQ RS

निम्नलिखित प्रोग्राम का आउटपुट क्या है?

```
fp = open("pqr.txt")

for text in fp.readline():
  print(text.lower())

fp.close()
```

A. pq
   rs
B. p
   q
   r
   s
C. pq rs
D. pqrs

3. निम्नलिखित प्रोग्राम का आउटपुट क्या है?

```
text = "ToPsy TuRvy"
w1, w2 = text.split()
print(w1.swapcase(), w2.title().swapcase())
```

A. tOpSY tUrVY
B. tOpSY Turvy
C. tOPSY tURVEY
D. tOpSY tURVY

4. निम्नलिखित नियमित एक्सप्रेशन में से कौन सा 11/09/2023 से मेल नहीं खाता है?

A. \d\d/\d\d{4}

B. \w\w/\w\w/\d{4}

C. \w\d\D\d\w\D\d\w\d\w

D. \d\w\D\d\w\D\d\w\D\d

5.निम्नलिखित प्रोग्राम का आउटपुट क्या है जो HTML टैग के साथ काम करता है?

```
import re

html = "I am <b>NOT</b> going! You can do <b>whatever</b> you want"
match = re.findall('<.*>', html)
print(match[0])
```

A. <b>NOT</b>
B. </b>
C. <b>NOT</b> going! You can do <b>whatever</b>
D. <b>

बहुविकल्पीय प्रश्नों के उत्तर

1 B: दीनदयाल नगर में दयालु।

2. B:

p

q

r

s

3. D: tOpSYtURVY

4. D: \d\w\D\d\w\D\d\w\D\d

5. C: <b>NOT</b>going! You can do <b>whatever</b>

प्रैक्टिकल(practical)

1 कई छात्रों के अनुरूप कई फाइलों के साथ काम करने के लिए हमारे शैक्षणिक रिकॉर्ड रखरखाव कार्यक्रम का विस्तार करें।

2. उम्र ट्रैक करने के लिए हमारे दोस्त(friends) मॉड्यूल(module) का विस्तार करें। क्या वही प्रोग्राम मामूली संशोधनों के साथ काम करता है, या क्या आपको कुछ और परिवर्तनों की आवश्यकता है?

3. इस प्रकार के ईमेल पते को अनुमति न देने के लिए हमारे नियमित अभिव्यक्ति(regular expression) प्रोग्राम को परिवर्धित करें: rupesh @iitm......a। इस प्रकार, डोमेन में लगातार बिंदु नहीं होने चाहिए।

4. URL के लिए रेगुलर एक्सप्रेशन बनाएँ.

5. हमारे फाइल हैंडलिग और नियमित अभिव्यक्ति(regular expression) को ग्रेप(*grep*) उपयोगिता के समान कार्यक्षमता को लागू करने के लिए संयोजित करें, जो एक text फाइल में एक पैटर्न वाली पंक्तियों को खोजता है।

आगे पढ़ने के लिए गतिशील QR कोड(code)

5. Django Framework

यूनिट स्पेशिफिक्स

इस यूनिट के माध्यम से हम निम्नलिखित पहलुओं पर चर्चा करते हैं:

◆जंगो(Django) फ्रेमवर्क संस्थापित और विन्यस्त(configuring) करना

◆फ्रेमवर्क का उपयोग करके वेब अनुप्रयोग बनाना

◆वेब अनुप्रयोग के लिए पैरामीटर पारित कर रहा है

अनुपात(RATIONALE)

उपयोग के लिए तैयार कई फ्रेमवर्क पायथन का उपयोग करके विकसित किए गए हैं और काफी लोकप्रिय हैं, जैसे कि Django, Web2py, Ruby on Rails आदि। इस यूनिट में, हम एक लोकप्रिय फ्रेमवर्क Django का पता लगाना चाहते हैं जो हमें वेब अनुप्रयोगों को बनाने और चलाने की अनुमति देता है। यह आपको पाइथन फ्रेमवर्क का उपयोग करने की शक्ति(power) और उनके साथ अपने अनुप्रयोगों को विकसित करना कितना आसान है, यह बताएगा।

PRE-REQUISITES

यूनिट 1,2,3 and 4

यूनिट आउटकमर्स(outcomes)

List of outcomes of this unit is as follows:

U5-O1: Install and configure Django framework

U5-O2: Create a project and an app in Django

U5-O3: Use the web application via a browser

Unit-Outcomes	EXPECTED MAPPING WITH COURSE OUTCOMES (1- Weak Correlation; 2- Medium correlation; 3- Strong Correlation)					
	CO-1	CO-2	CO-3	CO-4	CO-5	CO-6
U5-O1	3	3	3	-	3	1
U5-O2	1	1	2	2	1	-
U5-O3	2	1	3	1	2	1

जैंगो(django) जैसे फ्रेमवर्क के साथ एक वेब एप्लिकेशन बनाना काफी आसान हो गया है। फाइलों के लिए कुछ सरल अपडेट और कुछ कमांडों को निष्पादित(executed) करने को छोड़कर, कोई भी पूरी तरह से वेब सामग्री बनाने पर ध्यान केंद्रित कर सकता है। इस यूनिट में, हम जंगो(Django) फ्रेमवर्क को स्थापित करना और कॉन्फ़िगर(Configure) करना सीखेंगे, और फिर अपने वेब अनुप्रयोगों का निर्माण करेंगे।

5. 1 जैंगो(Django) संस्थापित करना और चलाना

यदि Django पहले से ही स्थापित नहीं है, तो इसे सामान्य कमांड के साथ आसानी से स्थापित किया जा सकता है। उदाहरण के लिए, लिनक्स पर, निम्नलिखित कमांड का उपयोग किया जा सकता है।

sudo apt intall python3-django

विडोज पर, यह दो चरणों की प्रक्रिया है। पहले में, हम एक आभासी(virtual) वातावरण(environment) बनाते हैं, और फिर हम पिप*(pip)* इंस्टॉलर के माध्यम से, जैंगो(Django) को स्थापित करते हैं | इन सभी आदेशों को विडोज में ***cmd*** कमांड प्रॉम्प्ट में या इसके पावरशेल(PowerShell) में निष्पादित(executed) किया जा सकता है।

```
python -m venv myvenv
myvenv\Scripts\activate
python -m pip install Django
```

पहला कमांड MyVenv निर्देशिका में एक आभासी वातावरण(virtual enviornment) बनाता है। दूसरा आदेश इसे सक्रिय करता है। तीसरा कमांड जंगो(Django) फ्रेमवर्क को स्थापित करने के लिए *pip* का उपयोग करता है।
यह जाँचने के लिए कि क्या जंगो(django) पहले से ही संस्थापित है या क्या यह सही ढंग से संस्थापित है, निम्न कमांड को अपनी होम निर्देशिका से चलाने की कोशिश करें (एक निर्देशिका जिसमें आपके पास लिखने का अधिकार है).

```
django-admin startproject mydjango
```

यहाँ, mydjango आपकी पसंद का एक परियोजना नाम है। यदि कमांड सफलतापूर्वक चलता है, तो यह कोई आउटपुट नहीं दिखाएगा, लेकिन निम्न निर्देशिका संरचना बनाएगा.

```
$ ls -R mydjango/
mydjango/:
db.sqlite3  manage.py  mydjango

mydjango/mydjango:
asgi.py  __init__.py  __pycache__  settings.py  urls.py  wsgi.py

mydjango/mydjango/__pycache__:
__init__.cpython-38.pyc  settings.cpython-38.pyc  urls.cpython-38.pyc  wsgi.cpython-38.pyc
```

अभी के लिए, विभिन्न फाइल और उपनिर्देशिका के उपयोग को अनदेखा करें. हम उन्हें वापस प्राप्त करेंगे क्योंकि हम अपना पहला वेब एप्लिकेशन बनाते हैं। लेकिन इन फाइलों को इंगित करना चाहिए कि Django ठीक से स्थापित किया गया है। हम अब सर्वर शुरू कर सकते हैं.

$cd mydjango
$ python3 manage.py runserver
StatReloader के साथ file परिवर्तनों के लिए देख रहा है
तंत्र जाँच(system check) की जा रही है...
तंत्र जाँच(system check) में कोई समस्या नहीं पाई गई (0 मौन).
आपके पास 18 अप्रयुक्त प्रवास हैं. आपकी परियोजना(project) ठीक से काम नहीं कर सकती है जब तक कि आप एप्लिकेशन (ओं) के लिए प्रवास लागू नहीं करते हैं: एडमिन, ऑथ, कंटेंटटाइप, सेशन.
उन्हें लागू करने के लिए '*python manager.py migrate*' चलाएँ.

18 सितंबर, 2022-07: 04: 38

Django संस्करण 4.1.1, सेटिंग्स '*mydjango.settings*' का उपयोग कर डेवलपमेंट सर्वर प्रारंभ किया जा रहा है: http//127.0.0.1:8000/

कंट्रोल-सी(control-c) के साथ सर्वर से बाहर हों.

यह पोर्ट 8000 पर स्थानीय मशीन पर सर्वर शुरू करता है। ब्राउज़र में उपयोग किए जाने वाले आईपी पते को ऊपर उभारा गया है। हम वेब प्रयोक्ता को एक ग्राहक के रूप में और प्रबंधन को सर्वर के रूप में सोच सकते हैं। संवाद करने के लिए, दोनों को एक ही भाषा बोलनी होगी, जो HTTP है। बेशक, उपयोगकर्ता को यह समझने की आवश्यकता नहीं है कि HTTP कमांड क्या हैं-जो हमारे ब्राउज़र द्वारा किया जाता है।

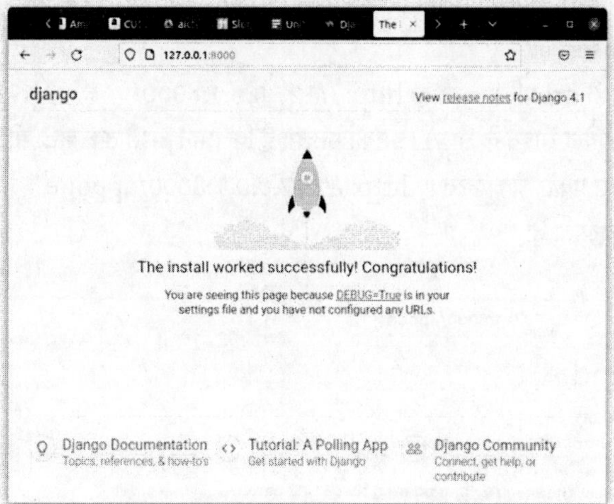

यदि संस्थापना(installation) असफल है या सर्वर नहीं चल रहा है, ब्राउज़र सामान्य संदेश(message) जारी करेगा: कनेक्ट करने में असमर्थ(*Unable to connect*). ध्यान दें कि चूंकि ब्राउज़र और वेब सर्वर एक ही मशीन (आपका लैपटॉप या डेस्कटॉप) पर चल रहे हैं, इसे जाँचने के लिए इंटरनेट कनेक्शन की आवश्यकता नहीं है। 127.0.0.1 एक विशेष आईपी(IP) पता है जो स्थानीय मशीन को संदर्भित करता है। यदि सब कुछ ठीक है, तो ब्राउज़र एक रॉकेट दिखाएगा और कमांड-लाइन पर चल रहा सर्वर निम्नलिखित के समान संदेश(message) जारी करेगा:

[18 सितंबर/2022 07: 06:] "GET/HTTP/1.1" 200 10681"

5.2 वेब अनुप्रयोग बनाना और चलाना

अब हम अपना पहला वेब एप्लीकेशन बनाने के लिए तैयार हैं। mydjango निर्देशिका में नेविगेट करें (जहां manage.py मौजूद है) और निम्न कमांड जारी करें.

```
$ python3 manage.py startapp appone
```

यह हमारा पहला वेब एप्लीकेशन है, जिसका नाम एप्पॉन है। आप निम्न संरचना के साथ वर्तमान निर्देशिका में बनाई गई संबंधित निर्देशिका को देखेंगे.

```
$ ls -R appone/
appone/:
admin.py  apps.py  __init__.py  migrations  models.py  tests.py  views.py

appone/migrations:
__init__.py
```

चलो देखते हैं क्या यह हमारे वेबऐप *appone* को चलाने के लिए पर्याप्त है। हम सर्वर फिर से शुरू करते हैं.

$ python3 manage.py runserver

और हमारे वेब ब्राउज़र में, हम एक ही url प्रविष्ट करते हैं: http: //127.0.0.1:8000/

यह पहले की तरह काम करता है (रॉकेट साइन के साथ)। इसका मतलब है कि हमने अभी तक कुछ भी नहीं तोड़| है। अब हम ब्राउज़र में URL प्रविष्ट करके एप्पॉन को इस प्रकार चेक करते हैं: http: //127.0.0.1:8000/appone

यह ब्राउज़र स्क्रीन को निम्न रूप में दिखाता है.

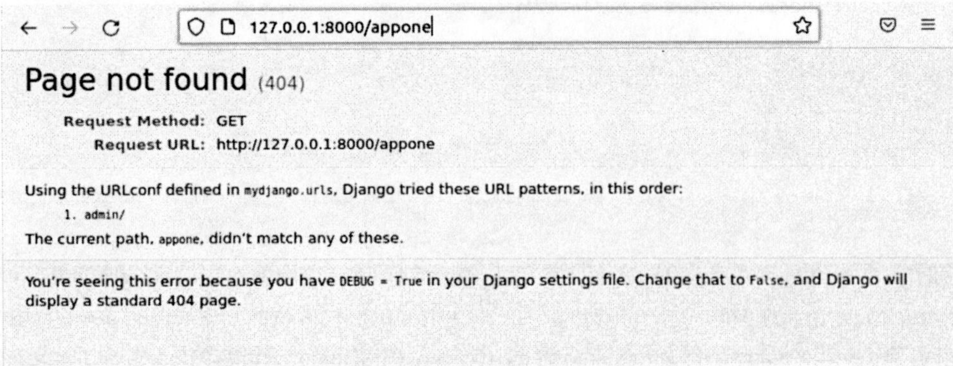

यह बताता है कि वेब सर्वर *manage.py*, *appone* को ढूंढने में असमर्थ है. ऐसा इसलिए है क्योंकि, हालांकि निर्देशिका *appone* मौजूद है, इसे स्पष्ट रूप से पंजीकृत करने की आवश्यकता है।

ऐप रजिस्ट्रेशन(registration) स्टेप 1

mydjango/mydjango/urls.py फाइल खोलें. यह मूल रूप से नीचे की तरह दिखना चाहिए।

```
from django.contrib import admin
from  django.urls import path

urlpatterns=[
    path('admin/',admin.site.urls),
]
```

इसे निम्न में बदलें.

```
from django.contrib import admin
from django.urls import path,include


urlpatterns=[
    path('admin/',admin.sate.urls),
    path('appone/',include('appone.urls')),
]
```

इस स्तर पर, सर्वर कुछ त्रुटियां जारी कर सकता है (उदाहरण के लिए, ModuleNotFoundError: 'appone.urls' नाम का कोई मॉड्यूल(module) नहीं). अभी के लिए त्रुटियों को अनदेखा करें. यदि हम ब्राउज़र में फिर से जाँच करने की कोशिश करते हैं, तो हम संदेश कनेक्ट करने में असमर्थ(*Unable to connect*) हो सकते हैं। इसका मतलब है कि हमारे वेब ऐप का पंजीकरण अभी तक पूरा नहीं हुआ है।

ऐप रजिस्ट्रेशन(registration) स्टेप 2

इस बार, हमें *appone* निर्देशिका की ***urls.py*** फाइल बनाने की आवश्यकता है (ध्यान दें कि फाइल पहले से मौजूद नहीं है). यह फाइल appone's ***views.py*** की सामग्री को एक्सेस करने की अनुमति देती है.

```
from django.urls import path
from.import views

urlpatterns=[
    path(",view.index,name='index'),
]
```

इस स्तर पर, सर्वर अन्य त्रुटियां जारी कर सकता है (उदा., AttributeError: मॉड्यूल(module) 'appone.views' में कोई विशेषता 'इंडेक्स' नहीं है). इससे पता चलता है कि पंजीकरण के लिए अतिरिक्त कदम उठाने की जरूरत है।

ऐप रजिस्ट्रेशन(registration) स्टेप 3

फ़ाइल appone/views.py खोलें. यह मौजूद है और ऐसा दिखना चाहिए।

```
from django.shortcuts import render

#Create your views here.
```

इस तरह दिखने के लिए इसे संशोधित करें।

```
from django,shortcuts import render
from django.http import HttpResponse

def index(request):
  return HttpResponse("<h1>Hello World!<h1>")
```

सर्वर फिर से प्रारंभ करें (mydjango निर्देशिका में जाकर):

$ python3 manage.py runserver

इस स्तर पर, सर्वर को कोई त्रुटि जारी नहीं करनी चाहिए। ब्राउज़र में URL खोलें और इसे हैलो वर्ल्ड print करना चाहिए!

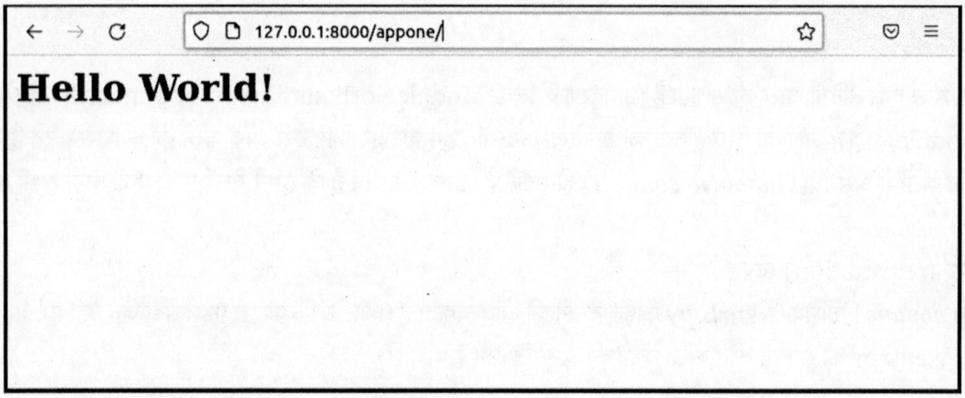

एक बार जब यह बुनियादी *setup* चल रहा है, हम मनमाने ढंग से HTML पाठ जोड़ सकते हैं और इसे *views.py* से संसाधित कर सकते हैं।

उदाहरणः HTML फाइल दिखाएँ.

चलो appone निर्देशिका में एक सरल HTML फाइल बनाते हैं, नाम basic. html. इसकी सामग्री इस प्रकार है। हम मान लेते है कि आप बुनियादी HTML जानते हैं।

```
basic.html

<h2>This is basic HTML<h2>

it contains<a href='http://www.cse.iitm.ac.in/~rupesh/books/python/'>a link
to python Programming's webpage </a>,and an image of Python Logo.<p>
<img src='https://www,python.org/static/img/psf-logo.png'><p>

Do you know that we can also create table in it?<p>

<table border=1>
     <tr><td>one one</td></td>one two</td></tr>
     <tr><td>two one</td></td>two two </td></tr>
</table>
<p>
That's all for now
```

यह देखने के लिए कि यह कैसा दिखता है आप इस फाइल को ब्राउज़र में खोल सकते हैं। लेकिन हम चाहते हैं कि हमारा वेबऐप इस सामग्री को दिखाए। सब कुछ समान रखते हुए, चलो appone/views.py फाइल को निम्नानुसार संशोधित करते हैं।

```
1 from django.shortcuts import render
2 from django.http import HttpResponse
3
4 def index(request):
5     fp = open("/home/rupesh/mydjango/appone/basic.html")
6     htmlstr = fp.read()
7     fp.close()
8     return HttpResponse(htmlstr)
```

हम एक स्ट्रिंग(string) के रूप में ***basic.html*** को पढ़ने के लिए अपने फाइल हैंडलिग function का उपयोग करते हैं, और इसे HTTP प्रतिक्रिया के रूप में लौटाते हैं (जब ब्राउज़र हमारे सर्वर को HTTP अनुरोध जारी करता है)।

महत्वपूर्ण टिप्पणी: पंक्ति 5 में प्रदान किए गए फाइल पथ(path) को एक निरपेक्षपथ(absolute path) होने की आवश्यकता है, जब तक कि Django सेटिग एक सापेक्ष पथ(path) की अनुमति नहीं देते हैं।

जब ब्राउज़र में देखा जाता है, तो ***basic.html*** की सामग्री दिखाई देती है।

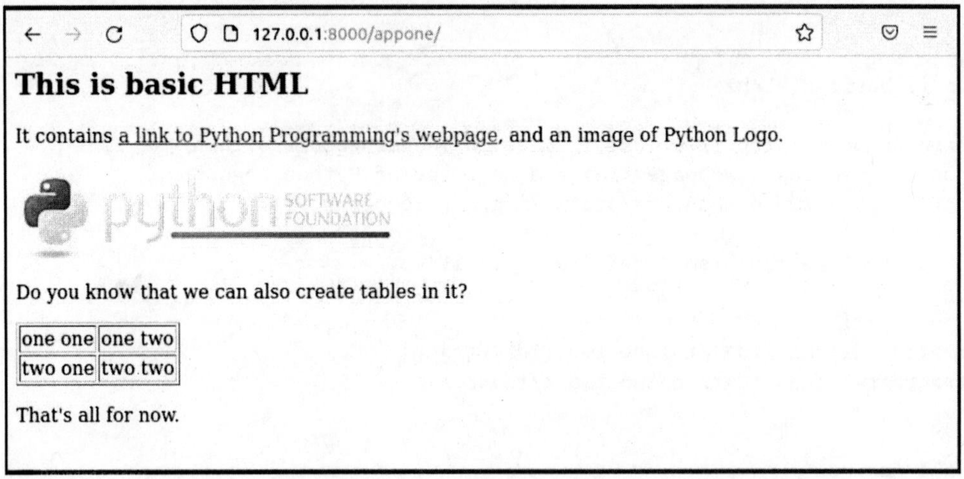

ध्यान दें कि ***views.py*** के ***index()*** function से, हम अनुप्रयोग-विशिष्ट प्रसंस्करण करने के लिए मनमाने ढंग से पाइथन कोड(code) का उपयोग कर सकते हैं। उदाहरण के लिए, लाइन 9 को बदलकर|

9 . return HttpResponse(htmlstr.lower()))

सभी पाठ(text) को ***lowercase*** में बदलता है.

उदाहरणः वेब-एप्लिकेशन का उपयोग करके अकादमिक रिकॉर्ड प्रदर्शित करें।

हमारे अकादमिक रिकॉर्ड कार्यक्रमों को याद करें। हमने पाठ्यक्रम संख्या, इसके क्रेडिट को संग्रहीत किया, और एक फाइल में क्रेडिट अर्जित किया, और अपनी सूची में पॉपुलेट के लिए इस जानकारी को पढ| । फिर हमने सीजीपीए की भी गणना की और इस जानकारी को स्क्रीन पर प्रिंट किया। इस यूनिट में, हम इसे HTML तालिका के रूप में प्रिंट करने की कार्यक्षमता को संशोधित करेंगे। चलिए इसके लिए एक नया एप्लीकेशन बनाते हैं।

step 0: mydjango निर्देशिका(directory) से अनुप्रयोग बनाएँ.

$ python3 manage.py startapp acads

step 1: *mydjango/mydjango/urls.py* में प्रविष्टि(entry) जोड़ना

```
from django.contrib import admin
from django.urls import path,include

urlpatterns = [
    path('admin/',admin.site.urls),
    path('appone/',include('appone.urls')),
    path('acads/',include('appone.urls'))),
    ]
```

Step 2: acads/urls.py बनाए (आप इसे appone/urls.py से कॉपी कर सकते हैं)

```
from django.urls import paths
from * import views

urlpatterns = [
    path('',views.index, name = 'index'),
    ]
```

Step3: (code)acads/view.py मे लिखा जा सकता है

```
from django.shortcuts import render
from django.http import HttpResponse
from .academics import *

def processAcads(filename):
    htmlstr = '<table border=1>\n'
    acadfile = open(filename)

    for line in acadfile:
        if line == '\n'   # new semester
        htmlstr =  htmlstr + gethtml()
        htmlstr =  htmlstr + "</tr><td colspan = 3>This Sem CGPA:" + \
                      str(cgpa()) + "</td></tr>\n"
        else:
            cc, cr ea = line.split()
            add(cc, int(cr), int(ea))

    addfile.close()
    htmlstr = htmlstr + '</table><br>\n'
    return htmlstr

def index(request):
    htmlstr = processAcads("/home/rupesh/mydjango/acads/academics.txt")
    return HttpResponse(htmlstr)
```

ध्यान दें कि हमने उसी मॉड्यूल(module) ***academics*** को आयात(import) किया है, लेकिन हमने एक अकादमिक रिकॉर्ड के html संस्करण को प्राप्त करने के लिए एक function ***gethtml()*** जोडा है।

Step 4: mydjango निर्देशिका(directory) से सर्वर प्रारंभ करें.

$python3 manage.py runserver

step 5: ब्राउज़र से शैक्षणिक अभिलेख तक पहुंचें. URL ऐसे भरें:

http: //127.0.0.1: 8000/acads/

ब्राउज़र को अकादमिक रिकॉर्ड को इस प्रकार प्रदर्शित करना चाहिए:

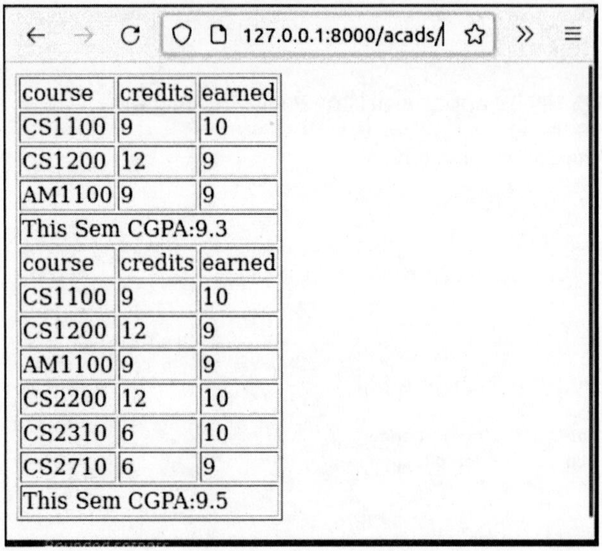

course	credits	earned
CS1100	9	10
CS1200	12	9
AM1100	9	9
This Sem CGPA:9.3		

course	credits	earned
CS1100	9	10
CS1200	12	9
AM1100	9	9
CS2200	12	10
CS2310	6	10
CS2710	6	9
This Sem CGPA:9.5		

5.3 प्राचल(parameter) *GET* के साथ पारित करना

उपयोगकर्ता हमारे वेब-ऐप में पैरामीटर पास कर सकते हैं। उदाहरण के लिए, हम एक्सपोनेंटिएशन के लिए एक ऐप लिख सकते हैं (यह एक ओवरकिल है, लेकिन यह एक उदाहरण है) । इसके बाद कोई भी इस कार्यक्रम का आह्वान इस प्रकार कर सकता है:

http: //127.0.0.0.1: 8000/expo/ ?x=2&y=8

पैरामीटर का नाम रखा गया है, = ऑपरेटर का उपयोग करके मान(value) असाइन किए गए हैं, और & द्वारा अलग किए गए हैं। expo/views. py में, हम तब x और y के मान निकाल सकते हैं, x y की गणना कर सकते हैं और HTTP अनुक्रिया में मान print कर सकते हैं। Django इन चर का उपयोग करने के लिए अपने HTTP अनुरोध के भीतर एक शब्दकोश(dictionary) *GET* प्रदान करता है।

```
def index(request):
    x = int(request.GET['x'])
    y = int(request.GET['y'])
    return HttpResponse(str(x**y))
```

ब्राउज़र पर दिखाया गया आउटपुट होगा

256

आप अन्य मूल्यों के साथ प्रयोग(experiment) कर सकते हैं। चलो इस तरह के पैरामीटर का उपयोग करते हैं हमारे Django वेबपेज बनाने के लिए function आत्मकता पारित करने के लिए।

उदाहरण: एक निजी वेबपेज बनाएं।

हमारे वेबपेज में निम्न प्रदर्शन तत्व(element) होने चाहिए।

एक सामान्य शीर्ष-सूचना(information) जिसमें फोटो और संबद्धता की मूल जानकारी होती है।
home, academics, project और contacts के माध्यम से नेविगेट करने के लिए एक आम menu.
जब हम किसी विशेष मेनू आइटम पर क्लिक करते हैं, तो उपयुक्त जानकारी मेनू के नीचे प्रदर्शित होनी चाहिए।
हमारे व्यक्तिगत वेबपृष्ठ के नमूने स्क्रीनशॉट नीचे दिखाए गए हैं। पहली स्क्रीन लैंडिंग होम पेज को दिखाती है।

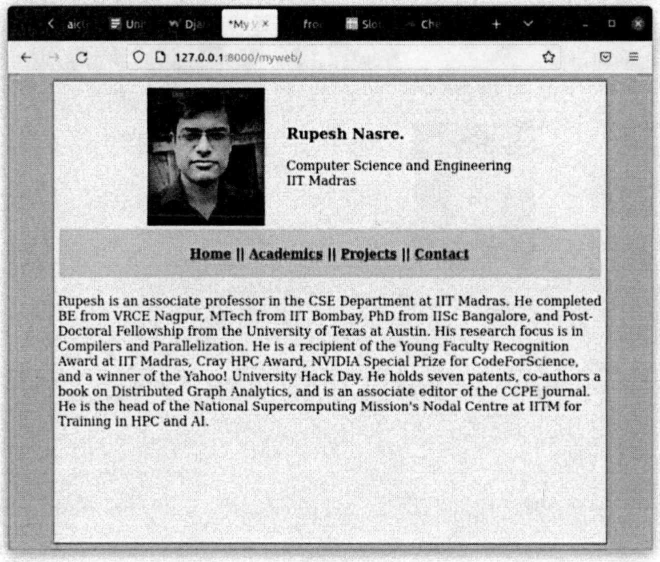

address bar में URL नोट करें. अगला पृष्ठ परियोजनाओं के बारे में है।

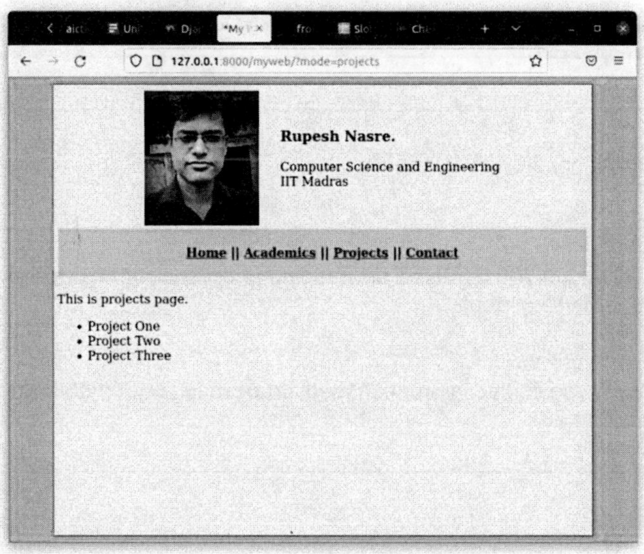

नोट करें कि कैसे पता-पट्टी(address bar) पारित पैरामीटर को दिखाता है. हम मोड नामक एक पैरामीटर का प्रयोग करते हैं जिसका मान यह निर्धारित करता है कि कौन सा पृष्ठ दिखाना है। जब मोड अपरिभाषित या 'home' था, हमने होम पेज प्रदर्शित किया. जब इसका मूल्य(value) 'project' होता है, तो हम परियोजना(project) की जानकारी प्रदर्शित करते हैं, आदि।
निम्नलिखित पृष्ठ संपर्क जानकारी दिखाता है. एक बार फिर, notice mode =contact address bar में।

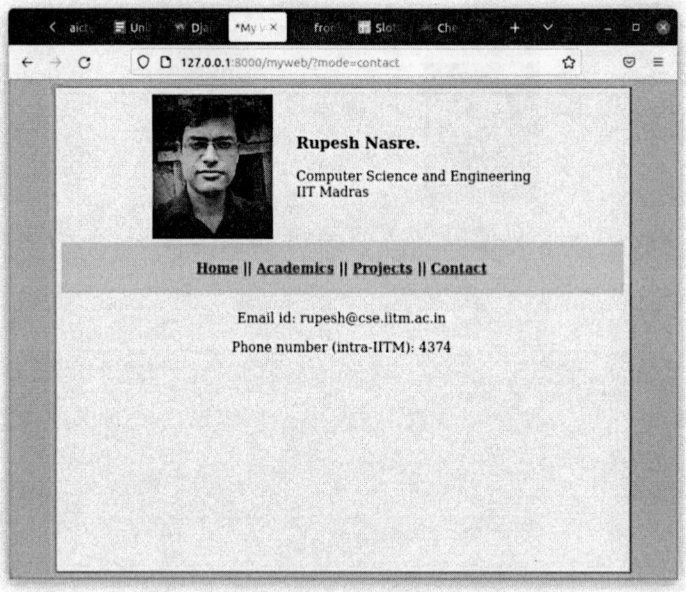

HTML में इस तरह का मेनू सिस्टम बनाना सीधा है। हम हेडर और फुटर नीचे दिखाते हैं, जो सभी प्रदर्शित पृष्ठों में आम हैं।

header.html

```
<head>
        <title>*My Webpage with DJango*</title>
</head>

<body bgcolor='#44aa44'>
<table align=center width=700 border=1 cellpadding=5 cellspacing=0 bgcolor='#ddffee'
height=100%><tr><td valign=top>

<table align=center><tr><td>
<img src='http://www.cse.iitm.ac.in/~rupesh/media/rupesh.jpg' width=150><br>
        </td><td width=20>
                 
```

```
        </td><td>
                <h3>Rupesh Nasre.</h3>
                Computer Science and Engineering<br>
                IIT Madras<br>
        </td></tr></table>

<table align=center width=700><tr><td bgcolor='#66cc66' align=center>
                <br><b> <a href='?mode=home'>Home</a> ||
                <a href='?mode=acads'>Academics</a> ||
                <a href='?mode=projects'>Projects</a> ||
                <a href='?mode=contact'>Contact</a> </b><br> 
</td></tr></table><br>
```

ध्यान दें कि home, academics. परियोजनाओं(project) और संपर्क के लिए लिक बनाते समय हमने कैसे मोड मूल्यों को निर्दिष्ट किया है।

footer.html

```
</td></tr></table>
</body>
```

Files *home.html*, *acads.html*, *projects.html*, and *contact.html* are simpler. We show one of them. These files do not contain any Python code.

home.html,acads.html,project.html फ़ाइल एक सामान है हम उनमें से एक दिखाते हैं इन फ़ाइल में कोई पायथन कोड नहीं है

home.html

```
Rupesh is an associate professor in the CSE Department at IIT Madras. He completed BE
from VRCE Nagpur, MTech from IIT Bombay, PhD from IISc Bangalore, and Post-Doctoral
Fellowship from the University of Texas at Austin. His research focus is in Compilers and
Parallelization. He is a recipient of the Young Faculty Recognition Award at IIT Madras,
Cray HPC Award, NVIDIA Special Prize for CodeForScience, and a winner of the Yahoo!
University Hack Day. He holds seven patents, co-authors a book on Distributed Graph
Analytics, and is an associate editor of the CCPE journal. He is the head of the National
Supercomputing Mission's Nodal Centre at IITM for Training in HPC and AI.
```

कोन हैं जो इन फाइल को एक साथ जोड़ता हैं? यह view.py है जो myweb डायरेक्ट्री से है जो लोड की जाती है जब हम कोई पेज ब्राउजर पर से लोड करते हैं, फाइल को पढ़ने के लिए मोड पैरामीटर का ध्यान भी रखना जरूरी है

myweb/views.py

```
1  from django.shortcuts import render
2  from django.http import HttpResponse
3
4  def index(request):
5      if 'mode' in request.GET:
6          mode = request.GET['mode']
7      else:
8          mode = 'home'
9
10     folder ='/home/rupesh/mydjango/myweb/'
11     header = 'header.html'
12     footer = 'footer.html'
13     filename = folder + mode + '.html'
14
15     htmlstr = ''
16     fp = open(folder + header)                 # display header
17     htmlstr = htmlstr + fp.read()
18     fp.close()
19
20     fp = open(filename)                        # display mode file
21     htmlstr = htmlstr + fp.read()
22     fp.close()
23
24     fp = open(folder + footer)                 # display footer
25     htmlstr = htmlstr + fp.read()
26     fp.close()
27
28     return HttpResponse(htmlstr)
```

लाइनें 5-8 मोड(mode) पैरामीटर को पढ़े , यदि परिभाषित किया गया है. प्रदर्शित करते समय, HTML तीन अलग-अलग फाइलों से बना है: शीर्षक(header), मोड फ़|इल, और पाद-सूचना(footer). यह आगे की प्रक्रिया में दिखाया गया है। सभी तीन HTML फाइलों का एक संयोजन अंततः HTTP प्रतिक्रिया (line 28) के रूप में भेजा जाता है।

यूनिट संक्षेप (UNIT SUMMARY)

हमने जंगो(Django) को इंस्टॉल करना और कॉन्फ़िगर करना सीखा। तब हमने अपने पाइथन प्रोग्राम से HTML आउटपुट करने के लिए अपने वेब-अनुप्रयोग बनाए। जंगो(Django) एक ढांचा है जो हमें इन अनुप्रयोगों को आसानी से बनाने की अनुमति देता है। अंत में, हमने सीखा कैसे मापदंडों को पारित करने के लिए हमारे पायथन वेब-अनुप्रयोग, जो अनुकूलित प्रसंस्करण की अनुमति देता है।

एक्सरसाइज (Exercises)

बहुविकल्पीय प्रश्न

1 Django के सफल संस्थापन(installation) के बाद, मैं सर्वर प्रारंभ करता हूँ, लेकिन जब मैं URL का उपयोग करके अपने ब्राउज़र से सर्वर से कनेक्ट करने की कोशिश करता हूँ| URL http: //127.0.0.0.1/, मैं कनेक्ट करने में असमर्थ हूँ. क्या वजह है?

A सर्वर गलत स्थान से प्रारंभ किया गया है.

B आईपी(IP) पता गलत है।

C पोर्ट(port) गलत है।

D इंटरनेट उपलब्ध नहीं है।

2. *views.py* में निम्नलिखित Django function पर विचार करें, जो उसी निर्देशिका में एक फाइल से पढ़ता है।

```
def index(request):
    fp = open("file.html")
    htmlstr = fp.read()
    fp.close()
    return HttpResponse(htmlstr.lower())
```

इस function का आउटपुट क्या होगा (जब ब्राउज़र से उचित रूप से बुलाया जाएगा) ?

A कोई आउटपुट नहीं

B त्रुटि(error) कि फाइल नहीं मिला

C file.html की सामग्री लोअर-केस में प्रदर्शित होती है.

D त्रुटि(error) कि file.html की सामग्री परिवर्धित है

3. निम्न में से कौन सा नया अनुप्रयोग बनाने और शुरू करने के लिए आवश्यक नहीं है जिसका नाम newapp है?

A. python3 प्रबंधन चला रहा है. manage.py startapp newapp

B. mydjango/mydjango/urls.py अद्यतन(update)कर रहा है

C. newapp/view.py अद्यतन(update) कर रहा है

D. newapp/migrate.py अद्यतन(update) कर रहा है

4. कौन सा URL, prod नामक अनुप्रयोग में निम्न Django प्रोग्राम के लिए आउटपुट 20 का उत्पादन करेगा?

```
def index(request):
    val = int(request.GET['one'])*int(request.GET['two'])
    return HttpResponse(str(val))
```

A. http //127.0.0.0.1: 8000/prod/ ? x = 2 & y = 10

B. http //127.0.0.0.1: 8000/prod/ ? one = 1 and two = 20

C. http //127.0.0.0.1: 8000/prod/ ? one = 5 and two = 2

D. http//127.0.0.0.1: 8000/prod/ ? two = 5 and one = 4

5. निम्न प्रोग्राम का आउटपुट क्या है जब URL के साथ बुलाया जाता है http: //127.0.0.0.1: 8000/myweb/ ?tag =bold&beautiful

```
def index(request):
    return HttpResponse(request.GET['tag'].upper())
```

A. BOLD&BEAUTIFUL
B. BOLD
C. BEAUTIFUL
D. Browser Error

बहुविकल्पीय प्रश्नों के उत्तर

1 C: पोर्ट गलत है।

2. B: त्रुटि(error) कि फाइल नहीं मिला (हमें निरपेक्ष(absolute) फ़|इल पथ प्रदान करने की आवश्यकता है)

3. D: नया-ऐप/माइग्रेट. py अद्यतन कर रहा है

4. D: http: //127.0.0.0.1: 8000/prod/ ? two= 5 और one = 4

5. B: बोल्ड

प्रैक्टिकल(practical)

1 हमारे व्यक्तिगत वेबपेज को इस तरह संशोधित करें कि जब मेनू आइटम का पृष्ठ प्रदर्शित होता है, तो संबंधित मेनू आइटम एक साधारण पाठ के रूप में प्रदर्शित होता है, न कि हाइपरलिक के रूप में। उदाहरण के लिए, जब हम परियोजनाओं पर क्लिक करते हैं, मेनू को इस तरह प्रदर्शित किया जाना चाहिए:

Home ।| academics|| Project ।| Contact

2. कई छात्रों के लिए हमारे academic program का विस्तार करें, एक विशेष छात्र के रोल नंबर को एक GET पैरामीटर के रूप भेंजे।

3. दुकान की वस्तुओं को प्रदर्शित करने के लिए वेबपृष्ठ बनाएँ. श्रेणी या मूल्य के आधार पर फिल्टर की अनुमति दें.

4. अपने conference से संबंधित पायथन अनुप्रयोग (Python Application) (यूनिट 4 से) को विस्तार करें ताकि जानकारी को वेब-ऐप के रूप में प्रदर्शित किया जा सके।

5. विभिन्न संख्यात्मक समस्याओं (संख्याओं का योग, श्रृंखला का गुणनफल, दो का घात, समीकरण का समाधान आदि) के लिए एक वेब-अनुप्रयोग बनाएँ। उपयोगकर्ता पैरामीटर का उपयोग करके एक विधि का चयन कर सकते हैं।

आगे पढ़ने के लिए गतिशील QR कोड(code)

ज़्यादा सीखने के लिए रिफर्न्स(References)

पायथन को सीखने का सबसे अच्छा तरीका है खुद प्रोग्राम को आज़माना।

नीचे कुछ संदर्भ दिए गए हैं, जिन्हें मैंने उपयोगी पाया है। अन्य बहुत से बहुत अच्छे संदर्भ भी होने चाहिए।

1 Guido van Rossum और पायथन डेवलपमेंट टीम, पायथन ट्यूटोरियल(Tutorial), पायथन सॉफ्टवेयर फाउंडेशन, 2018

2. Brian Heinold, ए प्रैक्टिकल इंट्रोडक्शन टू पायथन प्रोग्रामिग, क्रिएटिव कॉमन्स, 2012

3. w3schools, Python Tutorial, ऑनलाइन
https:/www.w3schools. com/python/default. asp

4. Geeks for Geeks से कोड(code)
https:/www.geeksforgeeks.org/python-programming-example /

5. इस पुस्तक के कोड http://www.cse.iitm.ac.in/~rupesh/books/python/

CO और PO उपलब्धि तालिका

इस पाठ्यक्रम के लिए पाठ्यक्रम परिणामों (CO) को पाठ्यक्रम पूरा करने के बाद कार्यक्रम परिणामों (PO) के साथ मैप किया जा सकता है और अंतर का विश्लेषण(analysis) करने के लिए PO की प्राप्ति के लिए एक सहसंबंध(correlation) बनाया जा सकता है। PO की प्राप्ति में अंतर का उचित विश्लेषण(analysis) करने के बाद इन कमियों को दूर करने के लिए आवश्यक उपाय किए जा सकते हैं।

CO और PO उपलब्धि के लिए तालिका

Course Outcomes	Attainment of Programme Outcomes (1- Weak Correlation; 2- Medium correlation; 3- Strong Correlation)						
	PO-1	PO-2	PO-3	PO-4	PO-5	PO-6	PO-7
CO-1	3	3	3	2	1	1	2
CO-2	3	3	3	2	1	1	2
CO-3	3	3	3	2	1	1	2
CO-4	3	3	3	2	1	1	2
CO-5	3	3	3	2	1	1	2

उपर्युक्त तालिका में भरे गए आकड़ओ का उपयोग अंतराल विश्लेषण(analysis) के लिए किया जा सकता है।